Schirner
Verlag

Das Buch

Natürlich können wir anderen nicht ihr Schicksal abnehmen, manchmal können wir das nicht einmal bei uns selbst. Aber wir dürfen uns gegenseitig daran erinnern, dass wir Licht sind und dass wir jederzeit freudige Ereignisse zu erschaffen vermögen – dass wir zumindest Frieden in Situationen einströmen lassen und dann weitergehen können. In diesem Buch stellt uns Susanne Hühn Übungen und Anregungen zur Verfügung, die uns befähigen, aus der ohnmächtigen Zuschauerrolle in das kraftvolle Schöpfersein zu wechseln. So können wir für uns selbst, aber auch für andere Schwierigkeiten, Leid, Angst und Unfrieden in Liebe, Vergebung, Frieden und Harmonie, in Gesundheit und Freude verwandeln.

Die Autorin

Susanne Hühn ist ausgebildete Lebensberaterin, ganzheitliche Physiotherapeutin und Autorin. Seit mehr als 25 Jahren begleitet sie Menschen auf dem Weg zur Gesundung. Sie gibt Lebensberatung, Channelings sowie Meditationskurse für Erwachsene und Kinder. Mit dem Schreiben begann sie vor über 18 Jahren.

Weitere Informationen unter: www.susannehuehn.de

Susanne Hühn

Die Kraft
der heilenden Transformation

Wie wir Leid in Liebe verwandeln können

ISBN 978-3-8434-5025-6

Susanne Hühn:
Die Kraft
der heilenden Transformation
Wie wir Leid
in Liebe verwandeln können
© 2011 Schirner Verlag, Darmstadt

Umschlag:
Murat Karaçay, Schirner
unter Verwendung des Bildes
Nr. 12275314 von Nicole Kühl,
www.fotolia.de
Redaktion & Satz:
Tamara Kuhn, Schirner
Printed by:
FINIDR, Czech Republic

www.schirner.com

1. Auflage 2011

Inhalt

Vorwort

Liebe Leserinnen und Leser,

wie reagieren Sie, wenn Sie Leid sehen? Wenden Sie sich ab, verzweifeln Sie, schicken Sie einen Engel hin? Oder nutzen Sie die Kraft der angewandten Liebe, das Mitgefühl, und geraten gerade dadurch immer wieder selbst ins Leid?

Viele Menschen versteinern geradezu, wenn sie Leid sehen, schauen sich keine Nachrichten mehr an, resignieren, werden wütend oder traurig – oder sie retten sich auf eine spirituelle Ebene. »Das hat ihre Seele so entschieden«, »Das hat er ja selbst so gewählt« – viele von uns beschwichtigen sich damit selbst, weil sie das Leid sonst nicht ertragen.

Aber damit entziehen wir uns möglicherweise unserer eigenen Verantwortung. Nach der Lehre vieler spiritueller Meister sind wir Schöpfer unserer Wirklichkeit. Das mag sich für einige Menschen sehr merkwürdig anhören, denn schließlich haben wir weder den Nahostkonflikt noch die Probleme unserer Nachbarn erschaffen. Wenn Sie sich über diese Lehre ärgern – was ich gut verstehen kann, denn am Ende ist es eine spirituelle Sichtweise, sie kann, aber sie muss nicht für jeden richtig sein –, dann ist vielleicht dieser Ansatz passend:

Immer dann, wenn uns etwas berührt, berühren wir es ebenfalls. Wir sind damit in Kontakt, und sei es zunächst nur emotional. Es gibt also eine Schnittstelle, einen gemeinsamen Faktor. Und genau hier können wir ansetzen, wenn wir wollen, denn hier kann unsere Schöpferkraft wirken.

Mit diesem Büchlein möchte ich Ihnen eine Wahl geben. Sie können mit dem Leben und dem, was Sie wahrnehmen, umgehen, wie Sie möchten. Alles ist richtig, und Sie haben jedes Recht der Welt, sich abzuwenden, wenn eine Energie Ihnen nicht guttut. Es ist Ihr Leben, und Sie haben genug mit sich selbst und Ihren Lieben zu tun. ABER wir können es manchmal nicht vermeiden, mit dem Leid anderer in Kontakt zu kommen, und wenn wir an dieser Stelle wegschauen oder versteinern, dann schaden wir uns selbst.

Warum? Nun, weil wir an dieser Stelle vergessen, dass wir Schöpfer sind. Wir fühlen uns auf einmal hilflos und ausgeliefert, trauern und verzweifeln am Zustand der Welt und schütteln innerlich den Kopf – doch damit untergraben wir unser Vertrauen in eine ordnende, liebevolle Schöpfung. Wir trennen an dieser Stelle die Verbindung zu Gott, zur Kraft des Universums, zu unserer eigenen Seelen- und Schöpferkraft. Und wir vergrößern das Leid auf diesem Planeten, denn dann haben wir noch unsere eigene niedrig schwingende Energie hinzugefügt! Auch das dürfen wir. Aber manchmal gibt es etwas Besseres:

Wir können lernen, Leid in Liebe zu wandeln.

Es ist erwiesen, dass Gebete helfen, dass positive Aufmerksamkeit unterstützt, dass Menschen, aber auch Landstriche und sogar die Meere sich schneller erholen und regenerieren, wenn genügend positive, vertrauende und liebende Kraft – sei es in Form von Reiki, einem Segen oder einem Gebet – hingesandt wird.

Wir sind machtvolle Wesen. Ob Sie Ihre heilende und segnende Macht anwenden oder nicht, liegt ganz bei

Ihnen und geht auch niemanden etwas an, niemand hat ein Recht darauf.

Ich möchte Ihnen Ihre eigene Kraft mit Übungen, Verhaltensmöglichkeiten und Meditationen zugänglich machen – damit Sie wählen und schöpfen können, wenn Sie möchten.

Wir sind multidimensionale Wesen: Uns steht die Dimension der Tat, der Handlung, die Dimension der Gefühle, die Dimension der Gedanken und die Dimension der geistigen inneren Haltung, des Bewusstseins, zur Verfügung. Das sind bereits vier verschiedene Aktionsfelder (Körper, Gefühle, Gedanken und Bewusstsein), in denen wir Änderungen vornehmen können. Fügen wir noch die spirituelle Dimension hinzu, einfach, weil es für viele Menschen einen Sinn ergibt und es sich deshalb lohnt, sie auszuprobieren. Dann haben wir wirklich viele Werkzeuge, mit denen wir in der Welt agieren können.

Das Wichtigste, wenn Sie das Leid der Welt in Liebe verwandeln wollen: Erkennen Sie Ihr eigenes Leid, und erlösen Sie sich selbst – sonst gerät Ihr Leid immer wieder in Resonanz mit anderen und erzeugt immer wieder ein Energiefeld von Schmerz. Je freier und glücklicher Sie selbst sind, desto mehr Glück fügen Sie der Welt und dem Kollektivbewusstsein hinzu. Sie haben in jeder Sekunde einen Einfluss auf den Zustand der Welt, denn in jeder Sekunde fließt Ihre Energie in das große Ganze und bestimmt es maßgeblich mit. Je freier und freudiger Sie selbst leben, desto mehr Menschen stecken Sie damit an und desto mehr Situationen beeinflussen Sie positiv.

Finden Sie also zunächst immer wieder Ihren eigenen Platz der Freude, der Kraft und der Liebe.

Wir können nur dann Leid in Liebe transformieren, wenn wir nicht ohnmächtig werden, sondern handlungsfähig bleiben. Zunächst müssen wir unsere eigene allzu starke Resonanz erlösen, damit wir nicht in eine zu niedrige Schwingung geraten – wenn es dazu kommt, können wir nämlich nichts für andere tun.

Setzen Sie sich selbst zuerst die Sauerstoffmaske auf,

wie wir das von den freundlichen Flugbegleiterinnen und Flugbegleitern immer wieder hören. Erst danach helfen Sie anderen.

Sicher gibt es Bereiche, die uns selbst so sehr berühren, dass wir nichts ausrichten können, sondern auf unsere eigene Energie aufpassen müssen. Zum Glück aber sind wir viele, und jeder leistet seinen Beitrag. Ich bin zum Beispiel immer wieder sehr dankbar und froh, wenn sich andere Menschen um das Leid der Tiere kümmern, weil ich es selbst nicht ertrage. Dafür kann ich aber beispielsweise ganz gut in Kontakt mit den verletzten inneren Kindern anderer sein und an dieser Stelle wirken. Erkennen Sie darum zunächst, an welcher Stelle Sie wirklich auf sich selbst aufpassen müssen und in welchen Bereichen Sie handeln können.

Nutzen Sie das, was zu Ihnen passt, und lassen Sie den Rest beiseite – er passt vielleicht für andere.

Verantwortung für das eigene Handeln übernehmen

Wenn Sie das Leid der Welt nicht ertragen, dann ist die erste heilige Handlung, so wenig wie möglich dazu beizutragen! Das klingt logisch, oder? Je bewusster Sie darauf achten, den Schmerz nicht zu vergrößern, desto freier und klarer fühlen Sie sich und desto neutraler (und damit überlegter und konsequenter!) können Sie dem Leid der anderen entgegentreten.

Was ist eigentlich das Leid, das wir hier transformieren, in Freude verwandeln wollen? Nun, ganz einfach: Es geht um alles, was Sie bewegt und was Sie selbst als Leid empfinden. Die Verschmutzung der Meere gehört genauso dazu wie der winselnde Nachbarshund, der nicht ins Haus kommen darf.

Wo aber sollen wir uns einmischen, und was geht uns nichts an? Nun, wenn etwas Sie berührt, dann GEHT es Sie etwas an, dann ist das womöglich ein Auftrag des Lebens, an dieser Stelle tätig zu werden. Aber Sie brauchen das nicht allein zu tun, sondern dürfen sich Hilfe und Unterstützung holen.

Wenn Sie der einzige Mensch wären, der zum Beispiel fair gehandelten Kaffee kaufte, dann hätte dies nicht viel Sinn. Aber jedes Mal wenn Sie sich nach wahrhaft bestem Wissen und Gewissen verhalten und nicht Ihrer Bequemlichkeit oder Ihrem Mangelbewusstsein folgen, zeigen Sie sich verantwortlich und fügen dem Kollektivbewusstsein einen positiven Aspekt hinzu.

Aus der Tierforschung wissen wir, dass bereits eine relativ kleine Anzahl Individuen einer Gruppe (10 %) ausreicht, um eine echte Veränderung hervorzurufen – aber einer muss mutig vorangehen, einer muss beginnen! Wenn eine genügend große Anzahl Menschen anders denkt, vor allem aber anders handelt als die Mehrzahl, dann setzt das einen Dominoeffekt in Gang. Irgendwann greift die Zeitqualität, und echte Veränderungen geschehen dann scheinbar über Nacht – doch ausgelöst worden sind sie von denjenigen, die sich nicht mehr in das Leid und den Mangel gefügt haben. Auch das Umdenken mag astrologisch gesehen eine Folge der Zeitqualität sein – und dennoch muss es Menschen geben, die diese Impulse in die Tat umsetzen, sonst verpufft auch die großartigste Chance. Wir können das immer wieder erkennen.

So schauen Sie sich bitte Ihr Leben an, und machen Sie eine Inventur. Ganz ehrlich – auf welche Weise fügen Sie sich selbst und anderen Schaden zu?

Verstehen Sie, es ist vielleicht ein bisschen scheinheilig, wenn Sie aus Mitgefühl nicht hinter einem Tiertransporter herfahren können, abends aber Fleisch auf den Tisch bringen, von dem Sie nicht wissen, woher es stammt und wie das Tier gehalten wurde. Ihre Seele weiß von diesem Widerspruch, und auch wenn Sie das bewusst nicht spüren, werden Sie sich schuldig fühlen. Reden Sie sich diese Schuldgefühle bitte nicht schön, womöglich sind sie angemessen. Wir sind für alles, was wir tun, verantwortlich, ob uns das gefällt oder nicht. Und damit reagieren wir noch stärker auf das Leid anderer, denn unser eigenes Leid gerät in Resonanz damit. Ja, es kann sein, dass Sie nicht die Mittel haben, Biofleisch zu kaufen. Aber auf eine Weise sind Sie dennoch verantwortlich, weil Sie ja die Wahl haben – Sie können auch KEIN Fleisch kaufen. Ich weiß, das nervt. Aber es stimmt. Wenn wir ernsthaft, und das bedeutet, so, dass wir es selbst in der Tiefe unserer Seele ernst nehmen können, zu Freude statt Leid beitragen wollen, dann können wir uns nicht vor unserer eigenen Seele hinter unserem Mangel- und Opferbewusstsein verstecken. Sie wissen, an welchen Stellen Sie das Leid der Welt durch Ihre Handlungen vergrößern. Übernehmen Sie bitte die Verantwortung.

Erkennen Sie, dass Sie sehr wohl Macht haben, dass Sie nicht ausgeliefert sind. Sie sind nicht allein. Wir sind sehr viele, und immer mehr Menschen schauen genauer hin, verhalten sich bewusst und tun alles, was in ihrer Macht steht, um das Leben, die Kinder, die Tiere, die Erde nicht weiter auszubeuten. Es gibt so viele Organisationen, so viele Gruppen, denen Sie beitreten können, so viele Informationen darüber, wie Sie sich in jeder Hinsicht unterstützend und sinnvoll verhalten können, dass sich Ihre gefühlte Ohnmacht rasch in Schöpferkraft verwandeln kann.

Machen Sie also bitte eine Inventur, und schreiben Sie die Ergebnisse auf. Schauen Sie sich an, was Ihnen am meisten Leid bereitet, was Sie am wenigsten ertragen – und werden Sie bereit, das Leid an dieser Stelle wenigstens nicht zu vergrößern.

Am meisten tut mir weh:

Ausbeutung der Kinder, Hunger der Welt, Ausländer-feindlichkeit, Ungerechtigkeit, das Leid der Tiere …

Schreiben Sie alles auf. Und dann seien Sie bitte ganz ehrlich – vervollständigen Sie diese Sätze:

Ich trage (z. B. zum Leid der Tiere) **Folgendes bei:**

Ich kaufe billige Milch. Ich esse Fleisch, bei dem ich nicht weiß, woher es kommt. …

Ich trage (z. B. zur Ungerechtigkeit) **Folgendes bei:**

Was tragen Sie selbst bei, wenn Sie sich Ihre eigene Liste anschauen?

Natürlich wissen wir in vielen Bereichen nicht, auf welche Weise wir das Leid vergrößern. Aber in einigen wissen wir es schon, und wir können lernen, genauer hinzuhören und aufmerksam zu werden für die Zusammenhänge.

Wozu dient das? Was nutzt es, wenn SIE sich anders verhalten, aber der Rest der Menschheit gar nichts versteht? Nun, zum Ersten stimmt das gar nicht. Immer mehr Menschen erwachen und übernehmen Verantwortung für ihre Handlungen. Und zum Zweiten geht es um Sie selbst, um Ihren Seelenfrieden. Wenn Sie aufhören, in bestimmten Bereichen Ihres Lebens sich und andere auszubeuten, selbst wenn Sie es unbewusst tun, dann werden Sie innerlich ruhiger, klarer, freier – und damit handlungsfähiger. Je verantwortungsbewusster und eindeutiger Sie sich selbst verhalten, desto offener und neutraler können Sie hinschauen, Stellung beziehen und handeln. Ohnmacht entsteht, wenn unser eigener Schmerz zu groß ist und wenn es Bereiche in uns gibt, in denen wir unsere Schöpferkraft nicht sehen wollen oder können.

Je bewusster wir uns über unsere eigene Energie sind, je klarer und friedvoller wir uns verhalten, desto weniger lähmen uns Schuldbewusstsein und Angst.

An deren Stelle können dann Mut, Handlungsfähigkeit und Vertrauen treten – denn wenn Sie es schaffen, sich anders zu verhalten, dann trauen Sie das auch anderen zu. Wenn Sie ökologisch und in jeder anderen Hinsicht friedvoll und achtsam sind, dann vernetzen Sie sich automatisch mit all denen, die das auch tun. Sie wechseln das Energiefeld, Sie erkennen auf einmal viel mehr Möglichkeiten, anders zu handeln, zum Beispiel Waren in Läden zu kaufen, die auf Umweltschutz und Nachhaltigkeit setzen, oder Unrecht nicht zu erlauben, sondern zu sagen, was Sie zu sagen haben.

Handeln Sie verantwortungsvoll – und konzentrieren Sie sich auf Heilung und Schönheit. Schauen Sie die Welt mit vertrauensvollen, liebenden Augen an!

Ja, das ist eine große Herausforderung – aber eine, die Sie meistern können. Fangen Sie nur einfach irgendwo an. Sie ändern so Ihre bewusste Absicht, und damit verändern Sie das Bewusstsein der gesamten Menschheit.

Achtsamkeit und Demut

Wenn wir Leid sehen und sofort eingreifen wollen, sollten wir eines bedenken: Wir gehen nicht in den Schuhen der Betroffenen. Wir wissen nicht, was sie brauchen, und wir wissen nicht, wer am Ende tatsächlich der Täter und wer das Opfer ist. Das gilt natürlich nicht, wenn wir akute Not erkennen, wenn Gefahr besteht und wenn schnelles Eingreifen vonnöten ist. Dann handeln wir, wenn wir uns dazu in der Lage sehen. ETWAS können wir immer tun, und sei es, andere um ihre Mithilfe zu bitten.

Was aber, wenn wir immer wieder die gleichen schwierigen Situationen sehen, vielleicht in unserer Familie oder im Freundeskreis?

Nun, es ist wichtig, dass wir immer wieder beachten, dass wir nicht wissen, was die Seelen derer, um die es geht, miteinander vereinbart haben. Wüssten wir es, ergäbe das Ganze, egal was nun geschieht, für uns mit Sicherheit einen Sinn. Es braucht uns nicht zu gefallen, aber alles im Universum folgt in sich stimmigen Gesetzen, auch wenn wir das zugrunde liegende Muster oft nicht erkennen können. Rückführungen und systemische Aufstellungen zeigen immer wieder, dass alles einen Zweck erfüllt. Das Universum sorgt auf eine von außen oft nicht ersichtliche Weise für einen Ausgleich. Das Bestreben des Lebens ist es, sich selbst im Gleichgewicht zu halten, und bei der Auswahl der Methoden, die es dabei anwendet, ist es nicht zimperlich, es lässt schon auch mal eine Art aussterben.

Was bedeutet das? Seien Sie achtsam und demütig (nicht unterwürfig, denn Demut ist das Gegenteil von Hochmut und meint, dass Sie Ihre Grenzen kennen und wissen, dass Sie eben nicht alles wissen), wenn Sie das Leid anderer ändern wollen. Stülpen Sie Ihre Lösungsmethode nicht über die Köpfe anderer. Es kann sein, dass sie nichts taugt.

Wie oft höre ich folgenden Satz: »Der (oder die) sollte …« Wirklich? Woher wissen Sie das? Und wie oft haben Sie selbst diesen Satz gehört und sich zu Recht gründlich missverstanden gefühlt? Heißt das nun, wir sollen uns raushalten? Natürlich nicht. Aber: **Wir dürfen lernen, im Sinne und im Dienste der Seelen derer zu agieren, denen wir helfen wollen.**

Ein Beispiel: Eine meiner engsten Freundinnen lebt in einer Ehe, die selbst auf Außenstehende disharmonisch wirkt. Meine Freundin hat zwei Kinder, lebt mehr oder weniger neben ihrem Mann her, sorgt für das Haushaltsgeld, obwohl er genug verdient – eine Situation, in der man auf den Tisch hauen will und in der alles danach ruft, einzugreifen, zumal meine Freundin sehr unglücklich ist, immer wieder krank wird, Allergien entwickelt und nervöse Ticks hat.

Ich habe versucht, ihr Mut zu machen, ihr zu zeigen, dass sie die geschiedene Ehe ihrer Eltern wiedergutmachen will, indem sie durchhält – und ich bin gescheitert. Warum? Weil ich nicht nach dem Sinn gefragt habe. Weil ich nicht daran gedacht habe, erst einmal auf der Seelenebene zu fragen, wozu diese Situation notwendig ist, wie sie dem Leben und dem Wachstum dient.

Als wir dann miteinander gearbeitet haben, erkannten wir Folgendes: Sie hat sich in vielen vergangenen Inkarnationen (und es ist egal, ob Sie daran glauben oder nicht, die Arbeit mit inneren Bilder kann auch einfach ein Ausdruck einer psychischen Programmierung sein) immer wieder klein gemacht, ist innerlich immer wieder in Ohnmacht gefallen und hat erlaubt, dass andere über sie bestimmen. Sie hat sich selbst immer wieder zum Opfer gemacht, hat viele Situationen erlebt, in denen sie mundtot gemacht, nicht gehört, nicht ernst genommen wurde.

In diesem Leben nun hat sie entschieden, sich noch einmal ganz bewusst in die Situation hineinzubegeben, um ein Bewusstsein darüber zu entwickeln und um Stück für Stück zu lernen, sich zu wehren. Sie braucht diese Ehe, um zu lernen, sich selbst zu behaupten, um überhaupt erst einmal zu verstehen, dass sie das darf! Ja, sie ist unglücklich, und irgendwann wird dieses Konstrukt zerbrechen oder sich transformieren. Aber solange sie auf seelischer Ebene spürt, dass sie immer wieder in das alte Muster fällt und noch immer nicht erkennt, dass sie ihr Leben so leben und gestalten darf, wie SIE es für richtig hält, so lange wird sie in dieser Situation bleiben – egal ob mir das passt oder nicht.

Was tue ich nun, wenn sie anruft und ich spüre, dass es ihr schlecht geht? Ich sage ihr nicht: »Verlass doch endlich diesen Mann«, auch wenn es mir auf der Zunge liegt. Ich verneige mich vor ihr, während ich am Telefon bin, und sage ihr: »Ich achte dein Schicksal«, und dann sage ich den entscheidenden Satz:

»Was brauchst du von mir, auf welche Weise wünschst du dir, dass ich dich unterstütze?«

Ich weiß nicht, was sie braucht. Aber sie selbst weiß es. Und wenn ich es ihr geben kann, dann gebe ich es ihr gerne. Ich lasse das, was meiner Meinung nach das Richtige für sie wäre, einfach los. Ich werte nicht, sondern ich erkenne die mutige Entscheidung ihrer Seele an, sich diese Situation zu betrachten.

Wir alle haben eine bestimmte Seelenfrequenz, eine Schwingung, die sich aus verschiedenen Anteilen zusammensetzt, in sich aber einzigartig ist. Um nun eine spirituelle Evolution zu erleben, damit also auch in spiritueller Hinsicht eine Weiterentwicklung stattfinden kann, braucht es einen zweiten Impuls – einen Kontrapunkt, eine Gegenstimme. Dieser Kontrapunkt muss zu der Seele passen, sonst interferieren die Energien nicht, sonst entsteht keine Harmonie. So wie es zwei bestimmte Substanzen braucht, damit eine chemische Reaktion stattfinden kann (nicht jede Substanz reagiert mit jeder), so braucht auch der Kontrapunkt eine bestimmte Schwingung.

Damit also das spirituelle Bewusstsein mit seinem Kontrapunkt, dem menschlichen Bewusstsein, interagieren und so etwas Neues entstehen kann, braucht das menschliche Bewusstsein eine ganz besondere Energie, nämlich die, die zur Energie der Seele passt. Und hier kommen die Erfahrungen ins Spiel: Um ein besonderes menschliches Bewusstsein ausformen zu können, sind bestimmte Erfahrungen notwendig, die ganz eigene, besondere Qualitäten haben. Wie wäre es, wenn sich hier der Seelenplan zeigte? Damit das menschliche Bewusstsein zur Seele passt und damit dann aus diesen beiden sehr, sehr unterschiedlichen, aber in ihrer Polarität doch zueinander passenden Energien etwas Neues entstehen kann, muss der Mensch diese bestimmten Erfahrungen machen, die nicht verhindert und auch nicht ausgetauscht werden können – die einen Kontrapunkt zur Frequenz der jeweiligen Seele bilden. Solange wir nun also die Energie der jeweiligen Seele nicht kennen, wissen wir auch nicht, welche Erfahrungen der Mensch braucht, um seinen ureigenen Kontrapunkt ausformen zu können. Wir wissen also nicht, was für ihn richtig und was für ihn falsch ist, weil wir nicht wissen, welches menschliche Bewusstsein er ausformt – es kann zum Beispiel sein, dass er damit beschäftigt ist, Erfahrungen des Mangels zu machen, gerade weil seine Seele so sehr in der Energie der Fülle schwingt.

Heißt das nun, wir sollen uns raushalten, weil der andere gerade dabei ist, einen menschlichen Gegenpol zu seiner Seele zu bilden und in seinen schmerzlichen Erfahrungen nicht gestört werden darf? Natürlich nicht. Es heißt aber, dass wir das Bewerten ein für alle Mal lassen dürfen (nicht zu bewerten ist übrigens eine bekannte spirituelle Praxis). Wenn wir davon ausgehen, dass jede Seele ein einzigartiges menschliches Bewusstsein braucht, damit sie im Zusammenspiel von spirituellem und menschlichem Bewusstsein ihre ganz persönliche neue Dimension erschaffen kann, dann ergibt das Bewerten auch einfach gar keinen Sinn mehr.[*] Und das ist Demut. Wenn Sie also helfen und für den

---

[*] Eine Meditation dazu, »Das menschliche mit dem spirituellen Bewusstsein verbinden«, finden Sie auf Seite 70.

anderen da sein wollen, dann tun Sie das im Sinne seiner Seele, in Übereinstimmung mit seinen Schutzengeln und seiner Bestimmung – und lassen Sie die Idee los, Sie wüssten, was der andere braucht.

Schamanische Reise

Respektieren Sie den Weg des anderen, und fragen Sie ihn, was Sie für ihn tun können. Sind Sie schamanisch geübt, dann fragen Sie Ihr eigenes oder sein Krafttier, führen Sie eine schamanische Heilreise für ihn durch, und lassen Sie dabei geschehen, was geschehen will.

Auch wenn Sie global helfen wollen, bei Natur- oder Umweltkatastrophen eingreifen möchten: Führen Sie eine schamanische Reise durch, und rufen Sie die Kräfte, die wissen, was hilft. Stellen Sie sich zur Verfügung, erlauben Sie, dass diese Energien durch Sie wirken dürfen, aber lassen Sie den Gedanken los, Sie wüssten, was zu tun ist. Manipulieren Sie die inneren Bilder nicht, sondern bitten Sie nur immer wieder darum, dass die höchste Ordnung wirksam wird. Sie brauchen die Lösungen nicht zu kennen.

Wenn Sie sich den heilenden, ausgleichenden und höheren Kräften zur Verfügung stellen, als Mittler dienen zwischen der Geistigen Welt, der höheren Ordnung und demjenigen, der Hilfe braucht, dann tun Sie bereits alles, was überhaupt möglich ist.

Wie unternimmt man nun eine schamanische Reise für jemand anderen? Wenn Sie das noch nie getan haben, dann seien Sie bitte ganz besonders achtsam, denn es kann immer sein, dass wir unsere eigenen Ideen auf den anderen projizieren. Die Kunst ist, vollkommen offen und wertfrei zu schauen, wie die göttliche Ordnung wirken will, und die eigenen Vorstellungen ganz und gar beiseitezulassen. Können Sie das nicht, so üben Sie es bitte, aber stülpen Sie Ihre Erkenntnisse nicht demjenigen über, für den Sie reisen. Bieten Sie sie ihm an, aber wenn er nicht in positive Resonanz damit geht, sich also nicht in der Seele wahrgenommen fühlt (auch wenn es ihm vielleicht nicht gefällt), dann irren Sie sich womöglich – üben Sie weiter …

Es gibt viele Formen der schamanischen Reise. Ich möchte Ihnen hier eine Reise anbieten, die Sie leicht unternehmen können, auch wenn Sie nicht geübt sind:

Schamanische Reise

Gehen Sie in Ihrer Vorstellung durch ein Tor – Sie befinden sich nun in einer wunderschönen Landschaft.

Gehen Sie spazieren, ruhen Sie sich aus. In einiger Entfernung sehen Sie ein großes Feuer – hier sitzt ein Wesen, weiblich oder männlich. Es kann ein Schamane sein, eine Hexe, ein Indianer, ein Inuit oder eine Kräuterfrau, es können auch viele Wesen sein – bitten Sie darum, dass sich jetzt all die Kräfte, die nötig sind, um eine bestimmte Situation zu erlösen, am Feuer versammeln. Verstehen Sie, Sie selbst brauchen nichts zu tun, Sie rufen einfach die notwendigen Kräfte. Das ist die heilige Aufgabe, denn wenn Sie sie nicht rufen, dann können sie nicht wirken, nicht in dieser Stärke und nicht auf diese Weise.

Bitten Sie dann das Wesen, dem Sie helfen wollen (das kann durchaus auch ein ganzes Volk oder die Erde selbst sein), sich mit an das Feuer zu setzen.

Lassen Sie bitte die Kontrolle los – wenn es sich nicht ans Feuer setzen will, dann lassen Sie es, dann ist die Zeit noch nicht reif für neue Energien. Bitten Sie in diesem Fall all die versammelten Wesenheiten, Ihnen selbst die Kraft zu geben, mit dieser schwierigen Situation umzugehen und in Frieden damit zu kommen. Manchmal ist das wesentlich.

Kommt die Person, für die Sie um Hilfe bitten, das Tier, das Land, das Volk oder die Erde selbst (vielleicht in Gestalt einer Frau oder eines Engels), dann danken Sie ihm oder ihr, dass er oder sie gekommen ist, und fragen Sie, ob Sie etwas für ihn oder sie tun dürfen. Bitten Sie nun die versammelten hilfreichen Kräfte darum, das zu tun, was nötig ist, damit Heilung, Frieden, Liebe oder Gesundheit einfließen kann – eben das, was gebraucht wird. Sie sorgen nur dafür, dass sich die Kräfte am Feuer treffen, der Rest geschieht nun von allein. GREIFEN SIE NICHT EIN, es sei denn, Sie bekommen einen klaren Auftrag oder einen deutlichen Impuls in Form einer Bitte.

Lassen Sie geschehen, was geschehen will, halten Sie nur das innere Bild des Feuers. Vielleicht bekommen Sie nicht einmal mit, was genau geschieht, doch mehr, als die Energie zu halten, brauchen Sie nicht zu tun.

Nach einer Weile spüren Sie, dass es Zeit wird, das Feuer zu verlassen, und Sie kehren durch Ihr Tor zurück. Verabschieden Sie sich von den schamanischen Kräften, danken Sie ihnen, und bitten Sie sie, wirksam zu bleiben.

Diese Reise können Sie jederzeit und für jede nur erdenkliche Situation durchführen.

Kämpfen Sie nicht gegen den Täter, sondern stärken Sie das Opfer

Neulich las ich einen Artikel darüber, wie man am besten mit einer Situation umgeht, in der man andere bedroht sieht. Als Beispiel wurde ein Vorfall geschildert, bei dem ein Mann in einer U-Bahn eine Frau belästigte – alle anderen Fahrgäste schauten weg, niemand handelte. Statt auf den Täter zuzugehen und sich ihm in den Weg zu stellen, wurde in dem Artikel vorgeschlagen, sollte man in einer solchen Situation die Frau stärken, sie laut ansprechen, zum Beispiel indem man fragt: »Möchten Sie sich zu mir setzen?«, oder, mit den beiden wichtigsten Sätzen, wenn man Leid lindern will:

»Brauchen Sie Hilfe?« – »Was kann ich für Sie tun?«

Den Täter sollte man einfach ignorieren. Das erscheint mir sehr sinnvoll. Wir steigen nicht ein in den Kampf, sondern geben dem Opfer Rückendeckung, damit es selbst die bedrohliche Situation verlassen kann und sich unterstützt fühlt. Das ist auch für uns selbst weniger gefährlich, und deshalb können wir leichter eingreifen.

Schenken Sie also dem, den Sie stärken wollen, Ihre Mut machende Aufmerksamkeit. Sehen Sie Leid, so schicken Sie augenblicklich dem Opfer Kraft, sei es durch Worte, durch eine Handlung oder, wenn das nicht möglich ist, durch einen Lichtstrahl. Rufen Sie ein Krafttier, vielleicht den Drachen oder eben jenes Tier, das in dieser Situation zuständig ist – Sie brauchen nicht zu wissen, welches es ist. Rufen Sie die Schutzengel desjenigen, der Leid erfährt und auch die des Tätes, damit er bekommt, was er braucht, um anders zu handeln. Dazu schließen Sie die Augen, atmen ein paar Mal tief durch und sagen:

»Ich sehe Leid, und ich bin nicht bereit, es zu akzeptieren. Ich bin ein Schöpfer meiner eigenen Wirklichkeit, und ich bitte darum, dass jetzt jene Kräfte, die dieses Leid in Frieden und Freude verwandeln können, in Erscheinung treten – zum Wohle aller Beteiligten und unter Achtung des freien Willens eines jeden.«

Stellen Sie sich vor, Sie wären durch eine Lichtsäule mit der Seele des Opfers verbunden – sei das Opfer ein Mensch, ein ganzes Volk, ein Tier, die große

Tierseele, das Herz oder die Seele der Erde –, keine Energie ist zu groß, denn Sie leisten einen wichtigen Dienst. Wenn Sie das Gefühl haben, dass Sie mit der Seele desjenigen, der Leid erfährt, verbunden sind, dann senden Sie ihm Ihre Liebe und Ihr Mitgefühl – und dann erinnern Sie ihn daran, dass er aufhören darf, Leid zu spiegeln. Sagen Sie zum Beispiel:

»Ich entlasse dich aus dem Dienst, in dem du stehst, ich entlasse dich aus der Rolle, mir Leid zu spiegeln« – denn genau das tut diese Seele ja gerade.

Das Gleiche tun Sie mit dem Täter. Ihm sagen Sie:

»Ich entlasse dich aus der Rolle, mir meine Ohnmacht und Angst zu spiegeln.«

Beiden können Sie sagen:

»Erinnere dich an Freude und Liebe, erinnere dich: Du bist Licht und Schöpfer deiner Wirklichkeit.«

Viele Wesenheiten, zum Beispiel große Anteile der Tierwelt und Aspekte der Erde selbst, stehen im

Dienst unserer menschlichen Bewusstseinsentwicklung und haben sich dazu bereit erklärt, als Spiegel für liebevolles, aber auch für herzloses, egoistisches Verhalten zu dienen.

Es ist nun Zeit, dass wir diese Anteile aus ihrem Dienst entlassen, denn wir brauchen diesen Spiegel nicht mehr, wir wissen jetzt wirklich alles, was wir je über herzloses Verhalten erfahren wollten.

So rufen Sie die Aspekte, die sich für unseren Bewusstseinsprozess zur Verfügung gestellt haben, und erlauben Sie ihnen, von nun an wieder frei zu sein, im Dienst am Licht und am Leben zu stehen. Stellen Sie sich wieder die Lichtsäule vor, und verneigen Sie sich vor denen, die sich zur Verfügung gestellt haben.

»Ich achte dein Schicksal« ist ein sehr wirksamer Lösungssatz aus der systemischen Aufstellungsarbeit.

Der winselnde Hund von nebenan – wenn Sie überprüft haben, ob Sie den Tierschutzbund anrufen sollten oder nicht (und ja, Sie wollen es sich nicht mit den Nachbarn verderben, auch das gehört zu Ihrer Wahrheit und kann ein Grund sein, es nicht zu tun – allerdings überprüft man bitte auch immer, ob man nicht einfach nur feige ist …), wenn Sie sicher sind, dass Sie im Außen nichts tun können oder wollen, dann tun Sie etwas Geistiges:

»Ich sehe deinen Schmerz, und du hast mein volles Mitgefühl« ist so ein Satz, den Sie diesem Hund täglich senden können.

Das ist nicht zynisch. Es ehrt die Seele des anderen. Fragen Sie bitte immer wieder Ihre eigene geistige Führung, was Sie tun können, um die Situation für alle Beteiligten, und dazu gehören auch Sie und Ihr Wunsch nach nachbarschaftlichem Frieden, in Freude zu wandeln. Vielleicht dürfen Sie oder Ihre Kinder ab und zu mit dem Hund spazieren gehen. Rufen Sie das Krafttier des Hundes, und fragen Sie es, was Sie tun können und dürfen.

Wenn Sie nicht wissen, was Sie für einen anderen tun können: **Fragen Sie ihn!**

»Ich sehe, dass du in Not bist, was brauchst du, was kann ich für dich tun?« ist eine unendlich hilfreiche Frage. Sie brauchen nicht zu wissen, wie Sie dem anderen helfen können, es ist sogar ein Ausdruck von Co-Abhängigkeit, zu glauben, Sie müssten anderen Lösungen zur Verfügung stellen. Ihre Aufgabe, wenn Sie denn überhaupt eine haben, ist es, Ihre Unterstützung anzubieten und zu zeigen, dass Sie da sind.

»Ich sehe dich«, »Ich bin Zeuge deines Schmerzes, deiner Not, und ich stehe zur Verfügung« sind weitere wertvolle Sätze.

Sprechen Sie laut oder geistig – der andere wird es wahrnehmen und Kraft bekommen, zu handeln.

Die Dinge augenblicklich Gott übergeben

Manchmal ist eine Situation sehr unbefriedigend und wir müssen uns auch vor unserer eigenen Ohnmacht verneigen. Wenn wir nicht eingreifen können, wenn wir nichts ändern können, weil wir keinen Einfluss auf die sogenannten Täter haben, dann gibt es einen guten Trick: Überlassen Sie die Situation dem Schöpfer aller Situationen. Aber tun Sie es bewusst.

Es ist ein großer Unterschied, ob Sie sich einfach nicht um eine Situation kümmern und innerlich abwinken oder sie ausdrücklich und voller Achtsamkeit Gott in die Hände legen.

Ob Sie an Gott glauben oder nicht, spielt dabei zum Glück gar keine Rolle. Sie SEHEN, dass sich das Leben immer wieder in neuen Strukturen ordnet, oder? Was immer Sie tun, was immer geschieht, das Leben findet einen neuen Ausdruck, und neue Türen öffnen sich. Es geht einfach immer weiter, das ist die einzige verlässlich wirkende Kraft des Lebens – aber wissen Sie, was das bedeutet? Jeder Impuls, den Sie hinzufügen, ist ein Baustein und ein Aspekt, mit dem das

Leben weiter fließt. Wenn Sie einen großen Stein in einen Bach werfen, dann ergibt das für den Fluss des Wassers einen Unterschied. Das Wasser wird sich neu orientieren. Das ist ein sehr banales Beispiel, aber es IST so einfach. Wenn Sie die Angelegenheit, die Sie nicht ändern können, bewusst und ausdrücklich in die Hände des sich selbst immer wieder neu organisierenden Lebens legen und darum bitten, dass es sich zu einer höheren Ordnung fügt, dann haben Sie bereits selbst dafür gesorgt, dass das auch geschieht.

Warum? Weil Sie durch Ihren Wunsch bereits den Impuls einer höheren Ordnung hineingegeben haben. Sie haben Ihre Liebe und Ihr Mitgefühl hinzugefügt. Sie haben die Situation auf eine andere Schwingung gehoben, und somit wird sie sich ändern – vielleicht langsam, aber sie kann nicht anders.

Zugleich signalisieren Sie damit, dass Sie selbst nicht wissen, was in dieser Situation angemessen und richtig ist, und auch das stimmt. Sie gehen nicht in den Schuhen des anderen, Sie wissen nicht, was seine Seele entschieden hat. Sie können und dürfen aber immer eine höhere Ordnung zu Hilfe rufen.

Die Geistige Welt sagt dazu Folgendes:

Wenn ihr Menschen, die ihr auf der Erde in der Schwingung der Dualität lebt, euch erhebt und eure Angelegenheiten in unsere Hände legt, dann bittet ihr damit um eine höhere Ordnung. Ihr seid nicht mehr bereit, Leid oder Schwere zu ertragen, sondern nehmt eure Schöpferkraft in Anspruch. Eure Schöpferkraft besteht auch darin, uns um Hilfe zu bitten und eine höhere Energie einfließen zu lassen. Wenn ihr das Schöpferfeld der göttlichen Ordnung einmal unvoreingenommen spüren könntet, wüsstest ihr, dass Wunder an der Tagesordnung sind.

So bittet um ein Wunder, nicht mehr und nicht weniger. Bittet um ein Wunder. Wunder sind göttliche Lösungen in Aktion. Bittet uns um ein Wunder, und es wird geschehen.

Müssen Sie dazu an Wunder glauben? Nein. Aber Sie dürfen sie für möglich halten. Und warum auch nicht? Was wissen wir schon über die Zusammenhänge der Welt? Je genauer wir hinschauen, desto wundersamer wird sie, desto weniger erklärlich. Die Dimensionen überschneiden sich, die Grenzen verwischen, sind unscharf – eine ideale Voraussetzung für Wunder, denn hier kann eine höhere Ordnung wirken.

Meditation

Schließen Sie bitte die Augen, und lassen Sie die schwierige Situation, um die es geht, vor Ihrem inneren Auge noch einmal entstehen. FÜHLEN Sie, was Sie fühlen, erlauben Sie sich, Ihr ganz persönliches Leid, das durch diese Situation ausgelöst wurde, zu erleben. Atmen Sie in sich hinein, fühlen Sie, nehmen Sie den Schmerz körperlich wahr. Es ist Ihr Schmerz, selbst wenn Sie ihn für andere tragen und erleben. Jetzt ist er ein Teil von Ihnen – wäre er das nicht, könnten Sie nichts bewirken. Womöglich tragen Sie ihn genau deshalb, damit Sie etwas verändern können.

Und nun stellen Sie sich bitte liebende Hände vor. Ganz einfach. Männerhände oder Frauenhände, vielleicht die Hände eines Engels oder die Hände von Mutter Erde, Hände, die sich öffnen und sich Ihnen schützend anbieten.

Atmen Sie Ihren Schmerz, Ihr Leid, das, was Sie für andere tragen, und das, was Sie selbst berührt, in diese Hände hinein. Legen Sie den Aspekt Ihrer Selbst, der den Schmerz spürt, in diese Hände, vielleicht ist es ein Aspekt des inneren Kindes, vielleicht sind es all die Menschen oder Tiere, deren Schmerz Sie in sich tragen und erleben, vielleicht ist es ein einziger Baum. Was immer Ihnen diesen Schmerz bereitet, legen Sie ihn in die Hände der göttlichen Kraft. Was geschieht? Vielleicht ändert sich der Schmerz auf der Stelle, vielleicht erleben Sie eine Transformation. Vielleicht schließen sich die Hände, geben Druck, und wenn sie sich wieder öffnen, liegt da ein Diamant oder eine Perle, den oder die Sie in Ihr Herz nehmen dürfen – seien Sie offen für jede Art der Veränderung. Vielleicht geschieht auch gar nichts. Alles ist richtig, wie es ist.

Legen Sie Ihren eigenen Schmerz und den der anderen in die Hände Gottes, führen Sie die inneren Kinder derer, die leiden, in die liebende Obhut einer göttlichen Kraft. Rufen Sie für die inneren Kinder derer, die leiden, seien es Menschen, Tiere oder die Erde selbst, Mutter Maria oder die spirituelle Kraft, der Sie vertrauen. Das können Sie ganz schnell tun, in der Sekunde, in der Sie das Leid anderer sehen und erleben.

Ihr kosmisches Symbol
der Heilung und der Freude

Wir sind schöpferische Wesen, und wir dürfen, wenn wir Leid und Schmerz sehen, auf geistiger Ebene heilend eingreifen – vielleicht ist das sogar unsere Aufgabe. Rufen wir also unseren Schlüssel, das, was wir zum Heil und zum Glück der Erde beitragen können und dürfen!

Symbole wirken an den Schnittstellen, in der Unschärfe, im Übergang zwischen grobstofflicher und feinstofflicher Welt. Dr. Diethard Stelzl sagt dazu:[**]

»Kosmische Symbole, geometrische Formen und Farben sind Kommunikationshilfen zwischen der grobstofflichen, physischen Körperebene und der feinstofflichen ›vollkommenen, ätherischen Blaupause‹. In diesem Sachverhalt liegt ihre außergewöhnliche Wirkung begründet.«

** Dr. Diethard Stelzl, *Heilen mit kosmischen Symbolen. Ein Praxisbuch*, Darmstadt 2008. Seite 16.

Meditation

Schließen Sie bitte die Augen. Vor Ihnen entsteht eine Lichtsäule. Sie treten in diese Lichtsäule ein, und augenblicklich durchströmt Sie dieses heilende, reinigende und Leben spendende Licht. Ruhen Sie sich aus, erlauben Sie, dass alles, was schwer ist, in diesem Licht abfließt, sich auflöst. Erlauben Sie, dass sich alles, was nicht mehr auf der Erde sein will, aus Ihnen herauslöst und ganz sanft und sicher in dieser Lichtsäule aufsteigt, heimkehrt ins Reich Ihrer Seele. Erlauben Sie auch, dass neue Seelenkräfte in Sie einströmen, Seelenkräfte, die vital und kraftvoll zur Erde kommen, um hier Neues zu erschaffen. Ruhen Sie sich aus, lassen Sie sich von Ihrer eigenen Seelenkraft erfüllen und neu ausrichten.

Und dann, wenn Sie sich stark und zuversichtlich fühlen, wenn Sie spüren, dass alles Alte, alles, was so müde und verletzt ist, in der Lichtsäule aufgestiegen und nach Hause zurückgekehrt ist, bitten Sie die Engel oder die geistigen Wesen der Heilung und des Friedens zu sich. Sie brauchen nicht zu wissen, wie sie aussehen und wer sie sind. Wahrscheinlich haben sie kein Gesicht, es sind ja geistige Kräfte. Aber Sie spüren, dass sich etwas verändert; das Feld erweitert sich, Ihr Herz beginnt schneller zu schlagen, oder Sie spüren Wärme, vielleicht sogar Kälte.

Bitten Sie diese Kräfte nun, Ihnen ein Symbol zu schenken – ein Symbol, das gerade in diesem Augenblick ganz speziell für Sie im Kosmos erschaffen wird. Es kann durchaus ein vertrautes, bekanntes Symbol sein, aber es hat eine ganz besondere Energie, die Energie, die durch Sie, und nur durch Sie, zur Erde kommen will. Jeder von uns fügt dem Leben auf der Erde einen bestimmten Ton hinzu, eine Farbe, eine Frequenz. Bitten Sie darum, dass sich genau das Symbol, das Sie zur Heilung aller zur Verfügung gestellt bekommen, jetzt zeigt. Deuteln Sie bitte nicht daran herum, stellen Sie es nicht infrage, es kann wirklich ein für Sie ganz alltägliches Symbol sein. Es geht weniger um die Form als um die energetische Ladung dieses Symbols. Vertrauen Sie darauf, dass die Geistige Welt Ihr Symbol mit genau der Energie aufgeladen hat, die durch Sie auf die Erde kommen will und die zu Ihnen passt. Vielleicht spüren Sie diese Ladung, vielleicht auch nicht. Es kann sein, dass Ihr Symbol mit Frieden oder Liebe geladen ist, vielleicht mit Zuversicht und dem Mut, die Dinge zu ändern, die Sie oder derjenige, dem Sie das Symbol schicken, ändern können. Oftmals braucht es nur Mut und Hoffnung, damit sich die Dinge ändern.

Nehmen Sie dieses Symbol in Ihr Herz auf, es heilt auch Ihre eigenen Verletzungen.

Ruhen Sie sich noch ein wenig in der Lichtsäule aus.

Der wesentliche Teil ist nun dieser: Lassen Sie das Symbol nicht in einer unaufgeräumten Ecke Ihres Herzens verstauben, sondern nutzen Sie es, wann immer Sie in Resonanz mit Leid und Schmerz geraten. Wann immer Sie von nun an Leid und Schmerz erleben, bei Ihnen selbst oder bei anderen: Senden Sie sofort Ihr Symbol in diese Situation hinein, fügen Sie ihr diese spezielle Energie hinzu, die Ihnen der Kosmos geschenkt hat. Genau hier wird Ihr Symbol, aufgeladen mit dieser speziellen Energie, gebraucht.

Wenn Sie geübt sind (oder Ihnen das stimmiger erscheint), dann bitten Sie in jeder schwierigen Situation um das passende Symbol. Vielleicht gehört es zu Ihrem Auftrag, immer wieder neue Energien zu rufen. Machen Sie es aber bitte nicht kompliziert. ALLES, was Sie tun, ist besser als gar nichts. Einige haben ein einziges, stabiles Symbol, andere rufen immer wieder neue Energien – tun Sie, was Ihnen leichtfällt, denn das ist es, was der Kosmos von Ihnen will.

Überprüfen Sie, was besser ist: Schicken Sie das Symbol selbst in eine schwierige Situation, oder lassen Sie es in Ihrem Herzen und senden Sie von dort aus die Energie in die Welt. Beides ist richtig, je nachdem, wie es für Sie passender und einfacher ist.

Denken Sie daran, das Symbol mithilfe der Lichtsäule immer wieder in den Kosmos zu schicken, damit es gereinigt, mit neuer Energie versorgt und gegebenenfalls neu programmiert werden kann!

Ho'oponopono – die Kraft der Selbstliebe und Selbstverantwortung

Gehen wir noch einen Schritt weiter, bleiben aber bei der Idee, dass wir alles, was wir erleben, in unser Leben gezogen haben, egal wie weit von uns entfernt es geschehen mag. Warum? Weil es einfach sinnvoll ist, denn wir können nur das ändern, was wir selbst, auf welcher Ebene auch immer, verursacht haben. Wenn wir nicht auf irgendeiner wie auch immer gearteten Ebene eine Ursache gesetzt haben, können wir sie nicht zurücknehmen, dann gibt es keinen kausalen Zusammenhang und wir können nichts tun.

Gehen wir also davon aus – nur als Arbeitsgrundlage –, dass wir alles, aber auch wirklich alles, was wir erleben, selbst verursachen. Wie sollten wir das wohl tun, fragen Sie zu Recht, auf welche Weise sind wir selbst in die Zwillingstürme gerast, wie haben wir das Loch in die Pipeline gebohrt, und wie haben wir den Tsunami erschaffen? Und vor allem – wozu?

Reden wir über Dimensionen. Auf der irdischen Ebene haben wir natürlich nichts davon erschaffen. Wir sind aber möglicherweise nicht nur Menschen, sondern auch spirituelle Wesen und, wenn wir das Ganze noch ein wenig mehr ausdehnen, vielleicht auf viel mehr Arten miteinander vernetzt, als uns das auf Erden möglich scheint. Vielleicht. Vielleicht auch nicht. Warum aber probieren wir nicht einfach mal etwas aus? SCHADEN wird das auf keinen Fall.

So stellen Sie sich bitte vor, egal ob Sie daran glauben oder nicht, dass Sie auf seelischer und geistiger Ebene mit sehr viel mehr Energien in Kontakt sind, als Sie es auf der Erde bewusst erleben. Es gibt vielleicht eine Ebene, auf der es keine Trennungen gibt, auf der alles, was IST, miteinander verwoben ist und deshalb voneinander weiß. Eine Leberzelle glaubt vielleicht auch, sie hätte nichts mit dem Stammhirn zu tun, aber das stimmt nicht. Wir wissen das, die Leberzelle eher nicht. Wenn wir nun davon ausgehen, dass wir alle Zellen eines großen Ganzen sind, einfach nur, weil es eine sinnvolle Ansicht sein könnte, dann haben wir ein gemeinsames großes, übergeordnetes Bewusstsein. Alles, was geschieht, ist deshalb zum Teil auch unsere eigene Schöpfung, wir (das übergeordnete spirituelle

Bewusstsein, zu dem auch Sie gehören, wenn wir in diesem Gedankenmodell bleiben) haben zumindest zugestimmt. Vielleicht wissen Sie auf höherer Ebene sogar, wozu eine schwierige, schmerzliche Erfahrung dient.

Wenn wir nun davon ausgehen, dass wir ein menschliches und ein spirituelles Bewusstsein haben, die sich sehr voneinander unterscheiden, so wie sich das übergeordnete Körperbewusstsein womöglich sehr vom Bewusstsein einer einzigen Leberzelle unterscheidet, dann finden wir einen Ansatzpunkt.

Stellen wir uns weiterhin vor, dass unser menschliches Bewusstsein vergessen hat, dass es ein Teil des großen Ganzen ist. Wenn wir nun noch davon ausgehen, dass unser spirituelles Bewusstsein keine, wirklich keine Ahnung davon hat, wie sich gelebtes irdisches Leben anfühlt, weil es weder einen Körper noch Gefühle kennt, weder stirbt noch jemals einen Verlust erleidet, dann können wir verstehen, dass wir auf der seelischen Ebene Entscheidungen treffen, die sich auf der Erde einfach schrecklich anfühlen – zum Beispiel zu erleben, dass jemand in unserer Umgebung leidet. Wozu sollten wir eine solche Entscheidung treffen, fragen wir uns zu Recht.

Nun, vielleicht gerade DAMIT wir erkennen, dass wir mit jedem und allem vernetzt sind. Denn so getrennt wir uns oft von allen anderen fühlen, wir sind es nicht – wären wir es, würden wir das Leid nicht wahrnehmen können! Gäbe es in uns keine Resonanz, keine Wechselwirkung mit dem, was anderen zustößt, sei es einem anderen Menschen, einem Volk, einem Delfin, dem Hund von nebenan oder der Erde, könnten wir nichts tun – aber dann bräuchten wir auch nichts zu tun. Weil wir aber Resonanz erleben, erleben wir Einheit. Und weil wir Einheit erleben, wenn auch über den Schmerz, machen wir eine wichtige Erfahrung: Was dem chinesischen Bauern am anderen Ende der Welt zustößt, geschieht im weitesten Sinne auch uns. Wir leiden darunter, das Energiefeld senkt sich, und wir müssen es mit ausbaden. So.

Und hier setzt die hawaiianische Technik Ho'oponopono ein. Der Name bedeutet »etwas richtigstellen«, »in Ordnung bringen«, »Fehler wiedergutmachen«.

Wir haben also auf hoher Ebene erlaubt, dass wir uns auf der menschlichen Ebene schlecht fühlen durch das, was geschieht, selbst wenn es uns nicht selbst geschieht. Wir haben erlaubt, dass etwas passiert, was auch uns schadet – und sei es, damit wir erkennen können, dass unsere Trennung voneinander eine Illusion ist, oder um auf spiritueller Ebene Mitgefühl zu lernen. Wir sind nicht voneinander getrennt, nichts ist voneinander getrennt. Auf der subatomaren Ebene gibt es keine Trennung mehr, alles ist Energie, und alles steht in Wechselwirkung miteinander.

Was tun wir nun, wenn wir ein Ungleichgewicht wahrnehmen, wenn wir uns nicht gut fühlen, weil wir Leid sehen, weil wir mit Schmerz in Kontakt sind? Wir bitten eine höhere Ordnung, sich des Ungleichgewichts anzunehmen. Und wir übernehmen die (höhere) Verantwortung für unsere eigene Schöpfung! Wie tun wir das? Wir bitten unser menschliches Selbst um Vergebung und machen den Schaden wieder gut.

Und so einfach ist die Technik: Wenn wir Leid sehen, sei es unser eigenes Leid oder das anderer, dann

erinnern wir uns daran, dass wir auf höchster Ebene zugelassen haben, uns so zu fühlen – und daran, dass wir uns damit selbst schaden.

Wir beginnen einen Dialog zwischen unserem menschlichen und unserem spirituellen Selbst. Wir bitten uns selbst um Vergebung für diese Erfahrung von Schmerz und sagen uns, dass wir uns lieben – wir nehmen unsere eigene Resonanz damit heraus. Letztlich geht es um die alte Frage: Wenn ein Baum im Wald umfällt und niemand ihn hört, macht er dann ein Geräusch? Wenn wir selbst nicht mehr in Resonanz mit dem Leid anderer sind, verschwindet es dann? Wir wissen es nicht. Aber diese Methode ist äußerst erfolgreich, und deshalb ist es klug, Ho'oponopono auszuprobieren!

Wann immer Sie sich also schlecht fühlen, weil etwas geschieht, was Sie herunterzieht, sagen Sie sich bitte:

Es tut mir leid.

(Sie bitten sich selbst um Vergebung, dass Sie sich auf höherer Ebene überhaupt in diese Situation gebracht haben!)

Erlauben Sie sich, den Schmerz zu fühlen, den Ihnen diese Situation verursacht, also Ihre eigene Resonanz. Und dann schauen Sie, ob Ihr menschliches Bewusstsein bereit ist, Ihrem Höheren Selbst zu vergeben. Wenn ja, dann sagen Sie (und Sie meinen damit sich selbst auf einer höheren Ebene, es geht nicht um den anderen!):

Ich verzeihe dir.

Nun ist es Ihr Höheres Selbst, das Ihnen auf der menschlichen Ebene sagt:

Ich liebe dich.

Nehmen Sie die Liebe Ihres eigenen spirituellen Anteils an, sagen Sie

Danke.

Übergeben Sie Ihre eigene Schöpfung dann Gott.

**Ich übergebe sie Gott, und ich bin bereit,
ein Wunder zu erleben und zu bezeugen.**

Damit lassen Sie das, was Sie herunterzieht, los.

Wann immer Sie nun in Resonanz mit Schmerz sind, warum auch immer, entschuldigen Sie sich bitte von der hohen Ebene aus sofort bei dem menschlichen Selbst, dem Sie diese Erfahrung zugemutet haben.

Die eigene Resonanz
erkennen und erlösen

Wenn Sie Leid wahrnehmen, ist die wichtigste Handlung zunächst diese: Ersparen Sie Ihrem inneren Kind die Situation!

Wenn Sie ein Kind an Ihrer Hand hätten und genau diese Situation erlebten, würden Sie es auch auf der Stelle in Sicherheit bringen, oder?

Gehen Sie also hin zu Ihrem verletzlichen, unschuldigen inneren Kind, nehmen Sie es in den Arm, und rufen Sie seinen Schutzengel. Sagen Sie dem inneren Kind: »Ich gebe dich jetzt in die Hände des Engels, ich muss ein bisschen Erwachsenenarbeit machen, du hast damit nichts zu tun«, und achten Sie darauf, dass es in einen sicheren Raum geführt wird. Wenn Sie sich ausführlicher damit beschäftigen wollen, lesen Sie zum Beispiel *Die Heilung des inneren Kindes.**** Für diesen Moment aber genügt es, den Schutzengel des inneren Kindes zu rufen, damit er die Führung übernimmt.

*** Susanne Hühn, *Die Heilung des inneren Kindes. Sieben Schritte zur Befreiung des Selbst*, Darmstadt 2008.

Wenn wir für andere da sein wollen, müssen wir unsere eigenen sehr verletzlichen Aspekte in Sicherheit bringen, genauso wie ein Feuerwehrmann seinen kleinen Sohn sicher nicht mitnimmt, wenn er Menschen zu retten hat, sondern ihn zu Hause lässt.

Wenn Sie immer wieder mit den gleichen Situationen konfrontiert werden und immer wieder in Mitleid versinken, vor lauter Schmerz versteinern oder wütend werden, dann nehmen Sie sich bitte ein wenig Zeit, und erlauben Sie sich, Ihre eigene Resonanz zu erkennen. Welche innere Wunde wird durch dieses besondere Thema immer wieder berührt? Manchmal ziehen wir bestimmte Situationen wie magisch an, weil eine eigene innere Wunde gesehen werden will – auf diese Weise werden wir möglicherweise gar zu Schöpfern des Leides!

Suchen Sie sich Hilfe, wenn es zu schmerzlich ist, machen Sie eine Rückführung, um zu schauen, welches Leben diese Wunde verursacht hat.

Diese geistige Übung kann Ihnen vielleicht auch helfen:

Meditation

Entspannen Sie sich, und lassen Sie vor Ihrem inneren Auge ein Tor entstehen. Sie durchschreiten es, und ein spiralförmiger Weg führt Sie nach oben, immer weiter – er besteht aus den schönsten Kristallen und schimmert in den zauberhaftesten Farben. Es ist ganz leicht, diesen Weg zu gehen, fast kommt es Ihnen vor, als schwebten Sie eher, als dass Sie gingen. Vielleicht entdecken Sie auch, dass Sie Flügel haben und fliegen einfach immer weiter nach oben. Am Ende des Weges befindet sich ein goldenes Tor, das direkt in den Himmel zu führen scheint – in Ihr eigenes Seelenreich. Und so ist es auch. Sie durchschreiten das goldene Tor ein bisschen ehrfürchtig – das ist auch angemessen –, doch Sie fühlen sich erwartet, willkommen. Sie spüren, dass Sie einen ganz besonderen, heiligen Raum betreten. Bitten Sie nun Ihre Schutzengel, Ihnen zu erscheinen.

Auf einmal bemerken Sie, dass Sie diese Energien deutlicher spüren als jemals zuvor. Die Energien berühren Sie sanft überall dort, wo Sie Heilung brauchen, wo Sie Kraft und Trost benötigen. Nun bitten Sie Ihre Schutzengel, Sie zu Ihrem Krafttier zu führen.

Irgendwann – jetzt – spüren Sie eine Präsenz, so

klar, rein, frei und weise, wie Sie es vielleicht noch nie erlebt haben. Sie bleiben stehen, und auf einmal läuft, schwimmt oder fliegt Ihr Krafttier auf Sie zu.

Es kann auch sein, dass sich kein Krafttier zeigen will, dafür nehmen Sie aber vielleicht ein Licht wahr oder einen großen Engel, eine Energie, Wärme, Zuversicht oder etwas anderes, was Sie dringend brauchen. ETWAS gibt es auf dieser Ebene für Sie. Es kann sein, dass Sie Ihr Krafttier eher fühlen als sehen, vielleicht wissen Sie auch einfach auf einmal, wer oder was es ist – und nun lassen Sie bitte all Ihre Vorstellungen los. Diese Welt ist eine Welt der Energie, keine Welt der Formen. Alles kann hier geschehen. Das Tier kann aus den verschiedensten Wesenheiten zusammengesetzt sein, weil es deren verschiedene Energien zur Verfügung stellt. Es kann ein Einhorn sein, ein Pegasus, ein Delfin, aber auch eine Maus, ein Säbelzahntiger, ein Regenwurm.

Lichtfunken in allen Farben sprühen auf, und Sie öffnen Ihr Herz, selbst wenn Sie gar nicht wissen, wie. Ihr Krafttier berührt Sie mitten im Herzen, es ist so sanft und heilsam, dass Sie sich voll und ganz darauf einlassen können. Es berührt den Menschen, der Sie sind, und schenkt ihm Trost und Frieden.

62

»Wir, die Geistige Welt, sehen, wie sehr du dich oft quälst und wie schwer dir dein Erdenweg manchmal fällt«, sagt das Krafttier, und es schaut Ihnen tief in die Augen. »Wir wollen dir etwas zeigen. Es gibt einen Anteil in dir, der immer wieder als Projektionsfläche für Schmerz dient – er will heute erlöst werden.«

Die Sanftheit und Zärtlichkeit, mit der es Sie anschaut, berührt Sie tief – und auf einmal ist es, als verändere sich Ihr Blickwinkel. Sie selbst können nun mit Sanftheit und Zärtlichkeit auf sich schauen, Sie können den Menschen, der Sie sind, wahrnehmen und ihn mit den Augen des Herzens sehen.

»Deshalb bin ich bei dir«, sagt Ihr Krafttier, »ich lehre dich, dich selbst und dann auch die anderen Menschen, die Tiere und die ganze Erde mit Liebe zu sehen.«

Fragen Sie Ihr Krafttier, ob es etwas braucht, ob Sie ihm etwas geben können – und dann geben Sie es ihm, egal was es verlangt. Seien Sie sicher, es dient Ihrem Wohl, was immer es ist. Es gibt Ihnen nun seinerseits auch etwas, ein Symbol oder eine Energie – genau das, was Sie brauchen.

Nun führt es Sie einen Weg entlang. Sie folgen, und Sie spüren, dass etwas Wichtiges auf Sie wartet.

»Es gibt einen Anteil, der sich selbst immer wieder

opfert, der selbst sehr verletzt ist und immer wieder als Zielscheibe für den Schmerz anderer dient«, sagt das Krafttier. »Es wird Zeit, dass du diesen Anteil in dir erkennst und seinen Schmerz heilst.«

Auf einmal bleibt es stehen. Sie schauen sich um – und erkennen eine Gestalt, ein Wesen, das wirklich sehr verletzt ist. Es berührt Sie tief. Möglicherweise sehen Sie ein Reh, das immer wieder angeschossen wird und als Zielscheibe für den Schmerz anderer zur Verfügung steht, vielleicht ein Kind, das immer wieder versucht, Liebe und Trost zu bekommen, vielleicht einen Erwachsenen, der sich mit dem Tragen der Lasten anderer zugrunde richtet. Was immer Sie wahrnehmen – es wird Zeit, diesen Anteil zu erlösen.

»Was kann ich tun?«, fragen Sie das Krafttier. Es nähert sich dem verletzten Wesen vorsichtig, gesellt sich zu ihm, nährt und wärmt es mit seiner Energie und gibt ihm Kraft. Während das geschieht, verändert sich Ihr Blickwinkel – Sie spüren ganz deutlich, wozu Sie auf der Erde sind, warum Sie immer wieder in die gleiche Situation geraten, es wird Ihnen klar, auch wenn Sie es vielleicht nicht in Worte fassen können. Sie wissen es einfach, weil Ihnen Ihr Krafttier die Wahrheit über Sie selbst vermittelt.

Bitten Sie das Krafttier, zu tun, was nötig ist, oder Ihnen zu zeigen, was Sie selbst tun können, damit dieser Anteil nach Hause ins Licht gehen darf. Zu lange schon dient er als Resonanzfläche für Leid und Schmerz.

Es kann nun sein, dass das Krafttier diesen Anteil einfach frisst, vielleicht kommt ein Licht und es löst sich auf, vielleicht verwandelt es sich, vielleicht möchte es, dass Sie es in den Arm nehmen und von nun an gut für es sorgen – alles kann geschehen, seien Sie bitte ganz offen und unvoreingenommen für das, was gebraucht wird. Diese Welt befindet sich in einer anderen Dimension und braucht manchmal andere Lösungen als hier auf Erden üblich.

Was immer also geschehen will, lassen Sie es geschehen. Geben Sie die Last, die das Wesen womöglich für andere trägt, an den Schutzengel desjenigen, für den das Wesen es trägt. Nehmen Sie das Kind in den Arm, erlauben Sie dem angeschossenen Reh, sich in Licht zu verwandeln und als Lichtwesen in das Reich Ihrer Seele zurückzukehren.

Ihr Krafttier weiß, was zu tun ist.

Irgendwann spüren Sie vielleicht Erleichterung oder Erlösung. Bleiben Sie noch ein bisschen in der

Entspannung, ruhen Sie sich aus, und kehren Sie dann in der für Sie angemessenen Zeit in den Raum zurück, in dem Sie sich befinden.

Immer wenn Sie nun mit Leid in Resonanz geraten, und sei es, dass Sie es einfach wahrnehmen, bitten Sie Ihr Krafttier, Ihnen zu zeigen, welcher Anteil in Ihnen erlöst werden will. Gehen Sie hin, und bitten Sie Ihr Krafttier, zu tun, was zu tun ist, damit Sie immer freier und glücklicher leben können.

Wenn Sie Ihre Schmerzresonanz nach und nach löschen, dann ziehen Sie Ihre Aufmerksamkeit aus dem kollektiven Schmerzsystem heraus – und damit löst es sich Stück für Stück auf.

»Mit etwas in Frieden kommen« – Wozu dient diese Erfahrung?

Es kann sehr hilfreich sein, davon auszugehen, dass jede Erfahrung, die wir machen, einen Sinn ergibt – so auch die Erfahrung, Leid zu sehen oder zu erleben. Nein, nicht im zynischen »Das hat er so gewählt«-Sinn. Ja, vielleicht hat es sich die Seele so ausgesucht. Aber WOZU? Was ist der Sinn von Leid?

Die Geistige Welt sagt dazu Folgendes:

Als ihr entschieden habt, zur Erde zu kommen, habt ihr das aus reiner Liebe getan. Wir alle brauchen für unsere spirituelle Evolution, für die Entfaltung unser aller Bewusstsein einen Gegenpol, eine zweite Sichtweise, eine Erfahrung, die so anders ist als die, die wir als Lichtwesen erleben, dass vollkommen andere Bedingungen nötig sind, um dieses Bewusstsein ausbilden zu können. Diese Bedingungen habt ihr auf der Erde. Ihr erlebt Trennung, Abspaltung, Angst, Leid, Mangel. Ihr erlebt aber auch Liebe, Freude, Einheit, Schönheit und diese pure Lebenskraft. Leid dient nun dazu, euch Mitgefühl zu lehren – euch und eure Seelen und da-

mit die gesamte Geistige Welt, denn wir sind mit euch verbunden. Warum eure Seelen? Wenn ihr keine Körper habt, dann wisst ihr nicht, wie sich Schmerz und Leid anfühlen, woher auch. Eure Seelen zeichnen die Blaupause, entwerfen euren Lebensplan im Einklang mit allem, was ist. Ihr macht euch zum Beispiel auf, um bestimmte Energieformen zu studieren, um zu erforschen, wie sich Verlust anfühlt, wie ihr mit Trennung umgeht, mit Mangel. Ihr erforscht den Gegenpol eurer Seele, denn das sind undenkbare Erfahrungen für die Geistige Welt, hier gibt es das nicht. Es braucht die Frequenz der Erde, um diese Erfahrungen zu erleben.

Ihr macht euch auf, um zu erforschen (nicht um zu LERNEN, denn wir wissen nicht, ob das wirklich in letzter Konsequenz möglich ist), wie ihr die Liebe und die Einheit, die ihr mit allem spürt, auf der Erde in die Tat umsetzen könnt. Vor allem aber macht ihr euch auf, um Energien in Interaktion kennenzulernen, um das ganze Spektrum von Schwingungen zu erleben, zu erfahren, zu fühlen.

Wenn ihr dann auf der Erde seid und FÜHLT, dann fragt ihr euch zu Recht, ob ihr noch ganz beisammen wart, als ihr euch diesen Lebensplan entworfen habt, und die Antwort ist natürlich »Nein!« Ihr hattet keine Körper, ihr wusstet nicht, wie sich das, was ihr erforschen wolltet, anfühlt. Sonst hättet ihr es ja nicht zu erforschen brauchen. Ihr seid *unendlich mutig und so voller Liebe zur Schöpfung, dass ihr es auf euch genommen habt, diese Erfahrungen zu machen, damit wir alle eine neue Energieform kennenlernen. Ihr seid die Pioniere, ihr wagt euch hinab in die Körperlichkeit. Wir sind bei euch, und ihr habt unsere tiefste Hochachtung, unser ganzes Mitgefühl und unsere volle Unterstützung. Und deshalb sagen wir euch:*

Hört jetzt auf damit. Erkennt, dass ihr nun alles, was ihr über langsam schwingende Energien erfahren und nach oben weitergeben wolltet, erforscht habt. Erinnert euch an euer Licht, und nehmt euer menschliches Bewusstsein in die Arme, verbindet es mit eurem Licht. Dann entsteht ein neuer Bewusstseinsraum, der getragen ist von all den menschlichen Erfahrungen und der voller Mitgefühl und Liebe schwingt.

*Eure nächste Aufgabe, das, woran wir euch erinnern dürfen, ist: **Lernt aufzuhören, Mangel und Leid zu wählen! Nicht »Hört auf.« Sondern »Lernt, damit aufzuhören« – auch das gehört zum Bewusstseinsprozess!***

Wozu ihr Leid gewählt habt? Um Mitgefühl zu entwickeln – vor allem Mitgefühl für euch selbst, für eure eigenen Schöpfungen. So wählt, von nun an Erfahrungen von Liebe, Fülle, Erfüllung und Glück zu machen – und so sei es.

Dazu möchte ich Ihnen eine geführte Meditation anbieten:****

Das menschliche mit dem spirituellen Bewusstsein verbinden

Gehen Sie in Ihrer Vorstellung durch ein Tor – ein Tor, das Sie in eine zauberhafte, sehr gesunde Landschaft führt. Sie gehen ein wenig spazieren, ruhen sich aus – und beginnen, ein wenig über sich selbst als Mensch nachzudenken. Auf einmal bemerken Sie in einiger Entfernung einen Lichtball, eine Energiekugel, vielleicht auch ein Symbol oder eine Farbwolke – und Sie wissen, Sie begegnen Ihrem eigenen menschlichen Bewusstsein. Der Mensch, der Sie sind, der all diese irdischen Erfahrungen durchlebt und der die Geistige Welt, seine Seele, auf der Erde als in Form gebrachte Energie erfährt, hat ein ganz eigenes Bewusstsein, das sich aus allem, was Sie erlebt haben, entwickelt hat – und genau das war auch Ihre Aufgabe. Sie wollten ein menschliches Bewusstsein ausbilden, eine menschliche Weise, die Dinge zu sehen und wahrzunehmen, und

**** Sie finden sie in ähnlicher Weise auf meiner CD *Deine Seele ist frei. Fünf Fantasiereisen*, Darmstadt 2010.

vor allem eine menschliche Weise, das Licht und die spirituelle Kraft auf der Erde in die Tat umzusetzen, in Ihre Handlungen und Ansichten einfließen zu lassen.

Nun also begegnen Sie Ihrem menschlichen Bewusstsein, es ist vielleicht viel schwerer, als es Ihnen gefällt, vielleicht auch dunkler oder irgendwie löchrig und unvollständig, vielleicht auch kraftvoll und feurig oder leicht und luftig. Wie es ist, ist es richtig. Verneigen Sie sich bitte vor ihm, und erkennen Sie es als wesentlichen, wichtigen Teil Ihrer eigenen Entwicklung an. Um dieses Bewusstsein auszuformen, haben Sie sich auf den langen irdischen Weg begeben.

Vor Ihrem inneren Auge entsteht nun eine Lichtsäule. Sie stellen sich hinein, erlauben dem Licht, Sie zu durchströmen und zu reinigen. Die Lichtsäule ermöglicht Ihnen, wie in einem Aufzug nach oben zu steigen, ganz leicht – bis in jene Dimension, in der Sie Ihr spirituelles Bewusstsein erfahren und erleben.

Eine zweite Energiekugel entsteht vor Ihrem inneren Auge, ein Symbol für Ihr spirituelles Bewusstsein. Hier ist Ihr spirituelles Bewusstsein vielleicht sehr hell, violett, blau oder weiß, vielleicht schwingt es auch in ganz anderen Farben, es ist leichter, vielleicht auch kühler, klarer, nüchterner – oder sehr warm und liebevoll. Wie es ist, ist es richtig. Sicherlich werden Sie erkennen, dass es anders schwingt als Ihr menschliches Bewusstsein.

Sie sind ein geistiges Wesen, das etwas lernen darf – Mitgefühl mit dem menschlichen, organischen Ausdruck zu haben, mit dem Menschen, der Sie sind. Und Sie sind ein organisches Wesen, ein atmender, fühlender Mensch, der auch etwas lernen darf: Vertrauen. Ihr menschliches Selbst weiß genau, was Mitgefühl ist, aber das Geistwesen, das Sie sind, weiß es nicht. Genauso wissen Sie als Geistwesen, was Vertrauen bedeutet, aber der Mensch kann es nicht wissen, denn er fühlt die Führung oft nicht.

Nehmen Sie nun bitte in Ihrer Vorstellung diese Energiekugeln in die Hände, halten Sie das menschliche Bewusstsein und das spirituelle Bewusstsein, oder stellen Sie sich zwei Energiebälle vor, die jetzt aufeinander zuschweben. Bringen Sie die Energien so weit zueinander, wie das heute möglich ist; wenn es geht, lassen Sie sie verschmelzen. Denn deshalb sind Sie auf der Erde – damit Sie den Himmel auf die Erde bringen und die Erde in den Himmel. Damit das geistige Wesen, das Sie sind, die Erfahrungen und das Bewusstsein des menschlichen Wesens integriert. Nehmen Sie wahr, was passiert, wenn diese Bewusstseinskugeln sich einander nähern, vielleicht verschmelzen sie ganz leicht miteinander, als hätten sie schon aufeinander gewartet, vielleicht dauert der Vorgang aber auch ein wenig. Nehmen Sie sich Zeit für diesen Prozess, und wiederholen Sie ihn ein andermal, wenn die Bewusstseinskugeln heute nicht miteinander verschmelzen.

Geschieht das aber, werden die Kugeln also eins, so nehmen Sie wahr, was dann passiert – und atmen Sie diese nun vollkommen neue Energie in Ihren Körper ein, nehmen Sie sie ins Herz, lassen Sie sich ganz und gar davon erfüllen.

Vielleicht fühlen Sie sich zum ersten Mal vollständig, vielleicht spüren Sie sich selbst viel klarer und erleben sich endlich als das, was Sie sind: ein seelisches, geistiges Wesen mit einem Körper, mit der Möglichkeit zu fühlen, zu denken und zu handeln – ein geistiges und organisches Wesen, dessen menschlicher Aspekt voller Vertrauen in die Geistige Welt ist und dessen geistiger Anteil voller Mitgefühl die Erfahrungen auf der Erde erschafft.

Seien Sie willkommen, Sie haben in sich Himmel und Erde vereint, Ihre unterschiedlichen Bewusstseinsebenen miteinander verschmolzen, sind eins mit sich selbst geworden – deshalb sind Sie auf der Erde. Vertrauen und Mitgefühl – von nun an werden Sie sich selbst und damit auch anderen den Himmel auf Erden erschaffen.

Wenn Sie diese Meditation vertiefen wollen, dann führen Sie sie noch einmal durch – und gehen Sie ganz bewusst zu dem tiefsten, dunkelsten Anteil Ihres menschlichen Bewusstseins, zu dem Teil, der am meisten verletzt ist, der so schwer und schmerzhaft ist, dass Sie ihn wahrscheinlich am liebsten ignorieren wollen.

Stellen Sie sich dafür eine Lichtsäule vor, die nach unten führt in Ihren dunkelsten Anteil hinein. Nein, das fühlt sich nicht gut an, aber das braucht es auch nicht. Es ist der tiefste Gegenpol Ihrer Seele, der Kontrapunkt Ihres höchsten Lichtpols. Gehen Sie zu Ihrem eigenen dunklen Pol, zu dem Pol, für dessen Ausbildung Sie all den Schmerz auf sich genommen haben, nehmen Sie ihn ins Herz, lassen Sie sich nach oben ziehen, und atmen Sie Ihren höchsten Lichtpol in diesen Herzraum. Die Energien überlagern sich, geraten in harmonische Resonanz, denn genau dafür sind sie ausgeformt worden. Dadurch entsteht ein vollkommen neuer Bewusstseinsraum, eine neue Dimension, die sich völlig anders anfühlen kann als Ihr bisheriges Erleben – es ist sozusagen Ihr persönlicher Urknall. Es kann sein, dass Sie sich auf einmal mit dem ganzen Kosmos, dem gesamten Universum verbunden fühlen – Sie spüren, dass etwas wirklich noch nie Dagewesenes entsteht, weil SIE diesen dunklen Pol ausgeformt und mit Ihrem Lichtpol verbunden haben. Das ist Ihre ganz persönliche und doch globale Bewusstseinsevolution – ein neuer Raum entsteht, der nur deshalb erschaffen werden konnte, weil Sie sich auf den irdischen Weg begeben haben. Nur durch Sie, durch Ihr ganz besonderes, einzigartiges Licht- und Schattenbewusstsein wird diese neue Dimension vollständig.

Lassen Sie sich dabei bitte begleiten, wenn sich das für Sie sicherer anfühlt.

Mit diesem Wissen können Sie bereit werden, mit den Erfahrungen, die Sie bisher gemacht haben, in Frieden zu kommen – und dazu gehört auch die Erfahrung, dass Sie manchmal nicht helfen können, dass das Leid manchmal unfassbar ist.

In der eigenen Wahrheit stehen

Wenn wir mit Schmerz in Kontakt geraten, verlieren wir oft unsere Klarheit und unsere Kraft – wir fallen innerlich in Ohnmacht und werden handlungsunfähig. Wir können unseren eigenen Auftrag und unsere eigene Wahrheit nicht mehr spüren, wenn wir vom Leid anderer überwältigt werden. Deshalb können wir oft gar nicht mehr unterscheiden, ob wir überhaupt eingreifen sollten und wenn ja, wie. Vielleicht hilft diese Übung:

Stellen Sie sich vor, es gäbe in Ihrem Inneren ein Messgerät dafür, ob Sie aus der Kraft Ihrer Wahrheit heraus leben oder nicht. Sicherlich wird dieses Messgerät für unterschiedliche Situationen auch unterschiedliche Werte anzeigen.

Schließen Sie bitte die Augen, und stellen Sie sich einen Drehknopf vor, z. B. einen Lautstärkeregler. Die Skala reicht von 1 bis 10. Denken Sie nun an eine Situation, in der Sie ganz und gar tun, was sich für Sie selbst richtig anfühlt, in der Sie so sehr in Ihrer Wahrheit stehen, wie es nur möglich ist. Das kann eine kleine Begebenheit sein, vielleicht geht es nur um eine

Minute, in der Sie wirklich Ihrem Gefühl und Ihrem Bedürfnis folgen.

Nun schauen Sie auf den Regler. Wenn Sie an diese Situation denken, steht er dann bei 10? Wenn nicht, dann drehen Sie ihn gedanklich auf 10, und lassen Sie sich selbst erkennen, was dann anders wäre. Wenn Sie den Regler auf 10 stellen, dann bekommen Sie einen Eindruck davon, wie es sich anfühlt, wirklich in der eigenen Wahrheit zu stehen. Sie brauchen deshalb noch lange nicht danach zu handeln. Sie haben Gründe, warum Sie das noch nicht können, und Sie dürfen sie ernst nehmen. Aber es ist sinnvoll, eine innere Blaupause dieser Energie zu verankern.

Nehmen Sie also wahr, wie es sich anfühlt, ganz und gar Ihre Wahrheit zu leben, indem Sie an diese ideale Situation denken. Wie fließt Ihre Atmung, wie fühlt sich der Körper an, sind Sie gut geerdet, wenn Sie in Ihrer Wahrheit stehen?

Geben Sie sich selbst den Auftrag, dieses Gefühl von nun an immer wieder anzustreben und immer wieder herzustellen, denn damit verankern Sie es in Ihrem Körper.

Und nun denken Sie bitte an eine Situation, in der Sie sich ohnmächtig fühlen, in der Sie mit Leid in Kontakt kommen, eine Situation, in der Ihnen Klarheit und Tatkraft fehlen. Wo steht der Regler nun? Bei 3, bei 4? Oder noch niedriger? Drehen Sie ihn nun bitte ganz bewusst auf 9 oder 10. Lassen Sie Klarheit und Ihre volle Wahrheit in Ihren Geist, in Ihr Bewusstsein fließen. Keine Sorge, Sie brauchen auch hier nicht danach zu handeln. Es ist aber sehr sinnvoll, zu erleben, was Ihre Wahrheit ist, auch wenn Sie sie noch nicht in die Tat umsetzen können. Was ist anders, wenn der Regler auf 9 oder 10 steht, wie würden Sie handeln, aber auch denken und fühlen, wenn Sie in dieser schwierigen Situation ganz und gar in Ihrer Wahrheit stünden?

Lassen Sie sich mehr und mehr von diesem Zustand erfassen und durchströmen. Immer klarer wird Ihnen, was zu tun und was zu lassen ist, wie Ihre tatsächliche Wahrheit aussieht. Sicher hat ein Teil noch Angst, dieser Wahrheit zu folgen, sonst wären Sie ihr ja schon gefolgt. Das darf auch so sein, dieser Teil darf Angst haben. Doch nun wissen Sie, was Sie wollen oder auch nicht mehr wollen, nun wissen Sie, wohin Ihr Herz und Ihre Klarheit Sie führen möchten. Bitten Sie nun Ihre eigene innere Führung darum, bereit zu werden, mehr und mehr auch in schwierigen Bereichen Ihres Lebens in Ihrer Wahrheit zu stehen und danach zu handeln. Wann immer Sie von nun an in einer schmerzlichen Lage sind, sei es durch Ihr eigenes Schicksal oder durch das, was Sie bei anderen erleben, drehen Sie Ihren Wahrheitsregler hoch, und schauen Sie sich an, was Sie wirklich wollen. Die Tat wird folgen, es geht auf Dauer gar nicht anders.

Eine andere Weise, Ihre eigene Kraft und Wahrheit zu erleben, ist folgende: Vielleicht haben Sie schon einmal etwas vom Systemischen Familienstellen gehört. Das ist eine alte schamanische Technik, die unter anderem von der Systemischen Familientherapie und der Gestalttherapie aufgegriffen (»Der leere Stuhl« hieß die Übung früher), von Bert Hellinger verfeinert und in ihrer Anwendung deutlich erweitert wurde.

Es ist beinahe ein Wunder, wie klar und deutlich man Energiefelder spüren kann, wenn man sich einfach nur in sie hineinstellt. Diese Technik nutzen wir nun für uns selbst:

Stellen Sie sich vor, Ihre Seele und damit Ihre eigene Wahrheit, Ihr Mut und Ihre Tatkraft würden ein Energiefeld auf der Erde bilden, einen Lichtfleck direkt vor Ihnen auf dem Boden. Stellen Sie es sich einfach vor, es ist wirklich so leicht. Warum auch immer das funktioniert, lassen wir im Moment einmal außen vor – NUTZEN wir es einfach.

Stellen Sie sich also vor, Ihre Wahrheit würde einen Kraftort bilden, direkt vor Ihnen – und dann machen Sie bitte einen Schritt nach vorn, und treten Sie auf dieses Kraftfeld. Stellen Sie sich einfach drauf. Ja, jetzt. Probieren Sie es bitte aus, Sie werden sicher verblüfft sein, wie leicht es ist und wie klar und deutlich Sie auf einmal Erdung und Klarheit erleben.

Wann immer Sie nun in einer schwierigen Lage sind und nicht wissen, was zu tun ist, stellen Sie sich in Ihr Kraftfeld, am besten mit einem tatsächlichen Schritt. Ist das nicht möglich, dann vollziehen Sie diesen Schritt innerlich.

Sie können auch, und das ist wirklich fast ein Wunder, die Energie Ihres Krafttieres rufen und sich in SEIN Energiefeld hineinstellen – von dort aus sind Sie handlungsfähig und wissen, was im jeweiligen Fall zu tun ist, um Leid in Liebe zu verwandeln.

Wenn Ihnen die Technik des Familienstellens vertraut ist, dann gehen Sie noch einen Schritt weiter – bitten Sie das Kraftfeld der LÖSUNG, vor Ihnen zu erscheinen. Ganz einfach – die ideale Lösung für das entsprechende Thema bildet ein Energiefeld, das Sie spüren und wahrnehmen können. Es gibt keinen einzigen vernünftigen Grund, warum das nicht funktionieren sollte.

Stellen Sie die Lösung auf, ganz unspektakulär. Und dann bitten Sie um die Kraft, die Sie brauchen, um sie in die Tat umzusetzen – wundern Sie sich nicht, es kann auch sein, dass die Lösung darin besteht, sich (endlich!!) aus dem Thema herauszuhalten.

Nachwort

Viele Übungen, viele verschiedene Sichtweisen … Ich hoffe sehr, ich konnte Ihnen mit diesem Büchlein zumindest ein Werkzeug geben, das Sie von nun an nutzen, um Leid in Liebe zu verwandeln.

Bitten Sie immer wieder eine höhere Ordnung, sich der Dinge anzunehmen, für andere, aber auch für Sie selbst. Fügen Sie dem Leid der Welt nichts hinzu, sondern sorgen Sie dafür, innerlich und äußerlich in möglichst friedlichen und gesunden Verhältnissen zu leben.

Schauen Sie hin, mischen Sie sich ein, handeln Sie, beziehen Sie Stellung, wenn Sie etwas sehen, was Sie berührt – aber achtsam und angemessen. Manchmal bedeutet »angemessen«, sich herauszuhalten, weil man bereits alles gesagt und getan hat.

Denn was wäre, wenn Rilke Recht hätte, wenn er sagt:

> *Vielleicht sind alle Drachen unseres Lebens*
> *Prinzessinnen, die nur darauf warten,*
> *uns einmal schön und mutig zu sehen.*

Vielleicht ist alles Schreckliche
im Grunde das Hilflose,
das von uns Hilfe will.

Rainer Maria Rilke

Vielleicht brauchen wir das Leid, um in unsere Schöpferkraft, in unser Mitgefühl und in unsere eigene Größe zu finden. Dann ist es jetzt an der Zeit, das zu tun – damit das Leid endlich aufhören darf.

Ich verneige mich voller Mitgefühl und Hochachtung vor Ihrem Weg.

In Liebe und Verbundenheit,
Susanne

Von Engeln und Drachen

Und hier noch eine kleine Engelgeschichte für alle, die mit dem Herzen lesen:

»Du, Gott«, fragte das kleine Engelchen und zupfte ein paar strahlend helle Harfentöne, »was ist das eigentlich, Liebe?«

Die Engel, die in der Nähe ihren Engelangelegenheiten nachgingen, hielten erschrocken inne. Liebe, was für eine Frage! Liebe, das war doch … darüber sangen sie, das war das Licht und all das Gute … hm, ja, was war das eigentlich genau, Liebe?

»Ja, was ist das eigentlich?«, erlaubte sich auch ein ziemlich großer, leuchtend blauer Engel zu fragen, es war – die anderen Engel falteten vor Ehrfurcht ihre Flügel zusammen – Erzengel Michael.

»Das ist eine sehr gute Frage«, ertönte eine Stimme von dort, wo diese Stimme herkam, wenn man sie hörte. »Liebe erkennt man an ihren Wirkungen, etwa so, wie man auf der Erde den elektrischen Strom an den Phänomenen messen und erkennen kann, die er verursacht. Das Phänomen, an dem ihr Liebe erkennt, ist Mitgefühl.

Vorausgesetzt, es gäbe Geräte, und wieder vorausgesetzt, es gäbe Wesen, die diese Geräte bauen und bedienen könnten …« Die Stimme wurde leiser. »Ich muss diesen Sieben-Tage-Plan noch einmal durchdenken«, murmelte sie dunkel.

Das kleine Engelchen nickte begeistert, Gott war so klug! »Was ist elektrischer Strom?«, fragte es voller Glück. Es war der Erklärung, was Liebe war, schon sehr nah, dachte es.

»Strom ist eine Analogie zur Liebe, eine Energie, die an sich nicht nachweisbar ist, aber ungeahnte Dinge vollbringt, wenn man sie anwendet. Liebe erzeugt auf der Erde Mitgefühl. Hast du das nun verstanden, kleines Engelchen?«

Das Engelchen nickte wieder begeistert. Es sprach mit Gott, das war unglaublich! »Nein«, sagte es dann.

»Wir auch nicht.« Die anderen Engel schauten sich fragend an. »Liebe«, sagte einer, »das ist einfach alles, es gibt doch gar nichts anderes, Liebe ist das Licht, ist Gott, ist das, was wir bringen …«

»Aber welche Auswirkungen hat sie, woran erkennen wir, dass Liebe wirksam ist? Woran erkennen wir Mitgefühl?«

Der blaue Erzengel fuchtelte gefährlich mit seinem

blitzenden Schwert herum und zerschnitt aus Versehen ein paar Wolken, darunter auch die, auf der das kleine Engelchen stand. Es fiel ein paar Meter, bis es seine erstaunlich großen Flügel aufspannte und dem Erzengel mitten auf die Klinge flog. »Pass doch auf«, sagte es freundlich zu dem Erzengel und küsste sein Schwert.

»Siehst du, das war gerade Liebe«, sagte ein anderer großer Engel, »du hast auf der Stelle vergeben und vergessen.«

»Aber« – das kleine Engelchen legte seine Flügel ordentlich auf dem Rücken zusammen, das tat es immer, wenn es nachdachte – »dazu müssten doch Dinge passieren, die man mitfühlen, vergeben und vergessen kann, sonst kann Liebe gar nicht zur Anwendung kommen, oder?« ›Zur Anwendung kommen‹, dachte es dann stolz, ›Merkur wäre beeindruckt, wenn er das hörte.‹

Die Engel flogen nun aufgeregt umher. »Das wäre ein Spaß!«, rief ein sehr lichter Engel, »Wir könnten auf die Erde fliegen und Dinge tun, die wir uns gegenseitig vergeben könnten. Wir könnten uns vom Licht abtrennen und lernen, was Mitgefühl ist!«

»Das ist eine gute Idee«, dröhnte die wohlige Stimme Gottes, »ihr bildet ein anderes Bewusstsein aus und erfahrt dadurch eine ganz andere Wirkungsweise meiner göttlichen Ordnung. So könnt ihr Mitgefühl entwickeln und uns zeigen, wie sich angewandte Liebe anfühlt. Aber denkt daran, ihr werdet einen Körper haben, wenn ihr auf die Erde kommt, es wird andere Wesen geben, und ihr werdet vergessen, dass ihr die Wirkungsweise von Liebe erforscht … Es ist leicht, hier in der Engelwelt zu vergeben, hier geschieht euch ja nichts. Aber die Erde, die ich erschaffen habe – wo habe ich nur gleich meinen Plan? – hat andere Gesetze, und auch die Liebe unterliegt den irdischen Gegebenheiten. Wollt ihr das wirklich ausprobieren?

Noch etwas gibt es zu bedenken, ihr Liebsten. Wenn ihr spüren wollt, was Liebe ist, dann braucht ihr den Gegenpol, das ist so auf der Erde. Sonst spürt ihr sie nicht. Ihr braucht also auch die Dunkelheit, die Angst. Das bedeutet, dass jemand sich dazu bereit erklären muss, die Angst mit all ihren Auswirkungen wie Hass, Gewalt, dunkle Magie und Sucht zu verkörpern, diese Energie zur Verfügung zu stellen, damit ihr wählen könnt, ob ihr Liebe oder Angst verwirklichen wollt.

Und noch eines: Ihr seid so lichtvoll, ihr könnt euch gar nicht so weit von eurem eigenen Licht entfernen, dass ihr es nicht mehr spürt. Ihr braucht eine Kraft, die eine ganz fremde Energie bildet, die euch bewusst von eurem eigenen Licht abschneidet, eine Art Schild zwischen euch und eurem Licht. Sonst geht es nicht.«

»Wieso müssen wir wählen, wir wollen doch nur die Liebe spüren«, wandte ein anderer Engel ein, der sich bis jetzt aus dem Gespräch herausgehalten, aber aufmerksam zugehört hatte.

»Ich weiß es, ich weiß es!«, rief das kleine Engelchen glücklich. »Weil wir nicht erkennen, was Liebe ist, wenn wir nichts anderes erfahren! Sonst ist einfach wieder alles Liebe, und wir haben nichts gelernt. Wir wollen doch etwas erkennen, und das geht nur, wenn es auch etwas anderes gibt. Und es ist auch nur möglich, wenn wir uns von uns selbst sehr weit entfernen, weiter, als wir es aus eigener Kraft können.« Es schaute triumphierend ungefähr in die Richtung, in der es Gott vermutete.

»Richtig, kleiner Engel. Wir brauchen also jemanden, der es auf sich nimmt, das Dunkle zu verkörpern. Und wir brauchen eine Energie, die euch von eurem Licht abtrennt, die euch wie besetzt hält, so lange, bis ihr aus eigenem Antrieb um Erlösung bittet. Wem sollte ich das wohl zumuten? Ich liebe euch alle viel zu sehr. Vergesst den Plan bitte, ich werde das Paradies erschaffen, und dabei bleibt es. Irgendwo habe ich es aufgeschrieben …«

Auf einmal blitzte und gleißte es am Himmel, und eine

wunderbare Melodie erklang. Sogar die Engel mussten blinzeln, so schön war die Stimme, die nun zu hören war.

»Ich gehe.« Es war der allerhöchste Lichtbringer, der Engel des Herrn, Luzifer, der über all den Engeln kreiste. »Ich werde mich in die Dunkelheit hinabfallen lassen und euch den dunklen Pol halten, damit die Schöpfung in all ihren Farben sich zwischen Gott und mir aufspannen kann. In dieser Energie, in diesem Regenbogen aus Möglichkeiten habt ihr alle Zeit der Welt, zu erforschen, was Liebe ist – aber auch, was sie nicht ist. Wollt ihr das?«

Luzifer sah Gott nicht an, als er das sagte. Er wusste, Gott würde seinen Abstieg niemals zulassen, dazu liebte er ihn viel zu sehr.

Die Engel selbst schwiegen erschrocken. Dieses Opfer konnten sie nicht annehmen.

Doch nun ertönte noch einmal die Stimme Gottes.

»Wenn ihr alle das tut, was ihr vorgeschlagen habt, dann fügt ihr meiner Schöpfung etwas unermesslich Wertvolles hinzu: Bewusstsein. Bewusstsein kann ich nicht erschaffen, Bewusstsein entsteht aus dem bewussten Sein, aus dem bewussten Erkennen dessen, was ihr seid und was ihr nicht seid.

Wenn ihr das wollt, wenn ihr bereit seid, gemeinsam

zur Erde zu gehen und die Wirkungsweisen der Liebe anzuschauen, dann schütze und behüte ich all eure Wege und führe euch zu gegebener Zeit zurück nach Hause. Der Dank des ganzen Universums ist euch gewiss.«

Das kleine Engelchen schluckte. Huh, das war eine etwas zu weitreichende Antwort auf seine ursprüngliche Frage. Doch dann hüpfte es von der blau blitzenden Klinge des Erzengels auf die Wolke darunter.

»Lass mich den dunklen Pol halten, ich habe ja die Frage gestellt«, sagte es zitternd.

Luzifer lachte. »Kleines, das kannst du nicht, dazu braucht es einen Engel, der fast so viel Energie halten kann wie Gott selbst – aber ihr habt es gehört, nur fast. Am Ende wird das Licht immer stärker sein. Wollen wir das? Wollen wir erforschen, was Liebe ist, in all ihren Auswirkungen? Auch wenn das bedeutet, in die Dunkelheit zu stürzen und alles zu vergessen, was wir wissen? Denn das kann und das wird geschehen, auch wenn ihr euch das noch nicht vorstellen könnt.«

Erzengel Michael schwang sein Schwert, dann schaute er Luzifer direkt ins Gesicht. Nur wenige Engel vermochten das zu tun. Er reichte Luzifer die Hand.

»Ich begleite dich bei deinem Abstieg, und ich werde mit meinem Schwert der Klarheit da sein, damit die

Menschen zwischen Liebe und Angst unterscheiden lernen. Ich werde für dich selbst da sein, damit auch du nicht vergisst, wer du bist. Alle, die mitkommen möchten, die erforschen wollen, was Liebe ist, stellen sich bitte in einer Reihe auf.«

»Stopp!« Weißes Feuer loderte um die beiden hohen Engel. »Wir kommen mit.«

Die Engel schauten sich um und verstummten. Eine ganze Schar machtvoller Drachen landete vor ihnen.

»Ihr braucht uns. Wir werden die Brücke sein, in beiden Welten leben und wirken, in der lichtvollen Geistigen Welt – von hier aus bringen wir höchstes Heil, Fülle und Glück – und in Luzifers dunkler Welt. Wer uns in dieser dunklen Energie ruft, dem stehen wir auf dunkle Weise zur Verfügung und bringen Kälte, Verstrickungen und Verderben. Wir sind die Krafttiere des Lichtes und des Glücks, aber auch der Dunkelheit, des Krieges und des Egos. Wir halten weiße und schwarze Magie, Glück und Verderben, wir werden das bringen, wonach ihr rufen werdet und euch in euren Erfahrungen mit dem lichtvollen und dem dunklen Pol unterstützen. Wir sind die Brücke, und wir werden dich, Luzifer, am Ende erlösen. Wir brauchen euch Lichtengel, damit ihr uns im Licht haltet, während wir Luzifer dienen, denn es wird eine

Zeit kommen, in der selbst wir vergessen, wer wir sind. Eure Aufgabe ist es, uns an das Licht zu erinnern, wenn wir es vergessen, und uns so zu erlösen. Auch Luzifer wird das Licht vergessen. Gibt es Lichtengel, die mit uns allen auf die Erde kommen wollen, die uns halten und diese Aufgabe übernehmen? Die uns zuschauen, wenn wir die Dunkelheit erforschen, obwohl es ihnen Schmerzen bereitet, weil sie so sehr mit der Liebe und dem Licht verbunden sind – und die uns dann, wenn die Zeit gekommen ist, zurückholen?«

Aus allen Teilen des Universums strömten auf einmal Wesenheiten zusammen. Da gab es zauberhafte Feen, zierliche Elfen, zarteste Engel – Wesen aus den entferntesten und lichtesten Dimensionen der Galaxien versammelten sich und stellten sich nebeneinander.

»Wir gehen gemeinsam«, entschieden sie. »Wir werden gemeinsam lernen, was Mitgefühl ist und die Liebe verwirklichen, egal wie lange es dauert. Wir werden uns gegenseitig daran erinnern, wozu wir auf Erden sind, und wir werden lernen, woran wir Liebe erkennen können. Wir werden das Licht sein, das die Dunkelheit erhellt, und zur richtigen Zeit werden wir die Drachen und dich, Luzifer, in Liebe erlösen und zurück an die Seite Gottes führen.«

Ein großer, strahlend bläulich weiß schimmernder Drache schwebte heran und spie sein Feuer. »Ich bin die Drachenmutter, ich hüte meine Kinder. Am Ende werde ich da sein und erwachen. Daran erkennt ihr, dass der Aufstiegsprozess nicht mehr umkehrbar ist. Ich werde Luzifer erlösen, durch euch und mithilfe von euch allen. Am Ende werde ich da sein, ich werde prüfen, ob ihr fest und sicher in eurem Herzen verankert seid, ich werde die Schwelle des Weges hüten zurück zu dir, Gott. Ganz am Ende werde ich da sein.«

Plötzlich kam ein Wind auf, und eine sich für die Engel und Drachen gleichermaßen sehr merkwürdig anfühlende, kühle, beinahe metallische Energie ballte sich zu einer silbern schimmernden Kugel zusammen.

»Wir werden euch von eurem Licht abtrennen. Wir sind nicht menschlich, und wir sind keine Engel, keine Drachen, nichts im weitesten Sinne Irdisches. Wir sind vollkommen anders als ihr und können euch deshalb als Schild dienen. Wir haben euren Ruf gehört, wir werden euch besetzt halten, und wir werden gehen, wenn ihr uns dazu auffordert – aber erst dann. Wollt ihr das wirklich? Ihr werdet uns verfluchen und uns für böse halten. Aber wir kommen nur, um euch zu dienen, um euch die Erfahrung eines menschlichen Bewusstseins zu ermöglichen. Wenn ihr das wollt, dann sind wir da.«

Voller Dankbarkeit verneigten sich all die Engel, die Drachen, all diejenigen, die sich dazu bereit erklärt hatten, zur Erde zu gehen und Mensch zu werden – und nahmen das Angebot an.

»Wir werden euch dafür achten, euch ehren und euch unsere Liebe schicken«, sagte Erzengel Michael, »aber ich werde auch mein Schwert einsetzen, wenn es Zeit wird, dass ihr geht.« »Beides ist vollkommen in Ordnung«, erwiderte die silbrig schimmernde Energiekugel, »und beides berührt uns nicht im geringsten. Wir schwingen wirklich vollkommen anders als diese Seite des Universums.«

Gott nickte. »Es wird einen freien Willen geben, ihr könnt euch immer wieder neu für die Liebe oder für die Abwesenheit von Liebe, also die Angst, entscheiden. Ihr werdet einen freien Willen haben – bedenkt, der Preis für diesen freien Willen ist das Karma. Karma sind die Spielschulden in der dreidimensionalen Welt, und ihr werdet sie bezahlen müssen. Wollt ihr das wirklich alles auf euch nehmen und ein menschliches Bewusstsein ausbilden?«

Das Leuchten und Strahlen aller geistigen Wesenheiten wurde so hell, dass sogar Gott fast geblendet wurde. »Der Dank und der Segen des ganzen Universums seien euch gewiss.«

Gott schickte einen Lichtstrahl zur Erde, an dem all die Seelen und Wesenheiten hinabgleiten konnten – allen voran Luzifer – und sprach die magischen Worte der Kraft: »So sei es.«